言葉の

はじめに

社会や家庭環境の急激な変化の反映なのでしょう。近年、「子どもたちや親たちの姿が変わってきて、保育がむずかしくなってきている」という声がよく聞かれます。

今、子どもたちや親たちとどのような関係を築いたらいいのでしょうか? また、「子どもの発達をとらえる」とは、具体的にどのようにしていったらよいのでしょうか? そうした問いに答える一つの取り組みとして、私たちは「〝口頭詩と子どもの発達〟研究会」を立ち上げました。

読者の中には、「なぜ、口頭詩なの?」と問われる方もいると思います。その主な理由は、次の三点です。

①私が「詩を使った学級作り」をしていること。
②この研究会が「詩というもののおもしろさに惹かれた人たちを中心として始まった」ため、そのおもしろさを紹介した私(増田)と共に学んでみようとの思いから始まっていること。
③子どもの発達を語るにしても具体的な物がなくては話にならないので、子どもたちのつぶやきを集めた「口頭詩」を通して子どもの発達を見てみようということ。

こうした理由から、三回の準備会を経て「〝口頭詩と子どもの発達〟研究会」が二〇〇五年四月に正式に発足しました。準備会で確認された課題と目的は、主に次のようなことでした。

「口頭詩」というものは、必ず他者との関係の中から生まれてくるものなのですから、否応なく「人と人との関係性」を象徴する側面やコミュニケーションを育てる側面を持っています。そうしたことから、参加者の話し合いを通して次のことが追求すべき課題として明確になりました。

A、子どもの口頭詩と発達の関係性を探る

B、子どもの口頭詩から見られる子どもの心を考える

C、口頭詩で表現される「人と人との関係性」のあり方を考える時に次の五つの関係性を探るようにしていきたい。

①子―親

②子―子

③子―保育士

④子―園

⑤
子
親
保育士

D、口頭詩から見られる子どものドラマ

E、「声」は、聴きとられることによってはじめて「声」となるのである。子どもや親の「声」を聴きとることを通して、保育という仕事や子どものおもしろさを改めて発見していく営みをひろげていきたい。

課題と共に大切なのは、目的です。私たちは忙しさに追われる中で、日々の実践をふり返り、検証する時間のないまま、ひたすら目の前の仕事に取り組んでいる状況があります。そのため、保育という仕事を長いスパンで考えられなくなってきています。だからこそ、日々の仕事をもっと高い目標とリンクさせていくことで、研究会の意義をしっかりとらえる必要があると考えたのです。そこで、次の四点を目的としました。

ア、全国の保育士を励ます実践を創り出す
イ、保育士の仕事の重要性をひろげていく
ウ、保育士の地位向上と仕事への理解を進める
エ、様々な年齢層の保育士が存在することが、子ども理解を深めることにつながることのメリットを伝える

こうして始まった研究会も、まもなく四年目を終えようとしています。よくもこれだけの長い間、続いたものです。それも、メンバーの「学習したい」「よりよい保育実践をしたい」との思いが根底に流れていたからだと思うのです。

現代の保育で一番大事なことは、「応答性」と「適応性」だと言われています。つまり、「子どものことばに対して、どのように応答していくのか?」ということと「その子どものことばに対してどのような適切なことばを返してあげられるか?」ということなのです。

子どもたちがどんなに意味あるすてきなことばをつぶやいたとしても、そこに「応答性」と「適応性」がなければ、子どもとの豊かな関係を創っていくことはできません。また、その関係を基礎とした保育実践も、やせ細ったものとならざるをえません。私たちは、研究会を進めていきながら、自然とその「応答性」と「適応性」が身についていったように思うのです。

今までも、「子どものつぶやきって、こんなにおもしろいんだ」とか「子どものつぶやきを、こんなふうに受けとめたり分析した」という著書はたくさん出版されてきました。しかし私たちはこの研究会で、「子どもの口頭詩（つぶやき）を通して、それを分析するだけにとどまらず、次の新しい保育実践にどうつなげていくか?」ということを追求してきたのです。そのため、この本に紹介するような非常に豊かな保育実践を創造していくことに具体的につながっていったように思うのです。

この本を通して、保育における「応答性」と「適応性」のあり方を具体的に学んでいただけることと思います。また、子どもの口頭詩（つぶやき）を次の豊かな実践につなげていくとはどうすることかをも学んでいただけるはずです。そして、毎日の保育実践のヒントになることがたくさん見つけられるに違いありません。

この本がたくさんの方々の手にわたり、豊かな保育実践がひろがっていったなら、こんなにうれしいことはありません。悩んだときや行き詰まったときなどにページを開いてみてください。読めば読むほど味が出てくるはずだと、私は自信を持っておすすめしたいと思っています。

著者

＊本書中に出てくる子どもの名前はすべて仮名です。保育士の名前は実名にしてあります。

もくじ――子どもが育つ言葉かけ

第1章

子どものことばを聴きとる

1　一～二歳児の発達とことば

子どもに「ことば」が出るまでのプロセスで、大事にすることはどんなことでしょうか。それは、「そのときに周りの大人がどんな反応をしたのか？」ということだと思うのです。どれだけ大人が子どもの姿に気づき、その姿にどのような反応をし、どのように関わってきたのかによって、決まっていくのだと思うのです。その関わり方によって「子どもの心の底から湧き出るようなことば」や「感性」が育まれるのではないでしょうか。

つまり、「大人の側が子どものことばを受けとめ、自分の喜びとする」ということが大切なのです。子どもは悲しいことよりも、うれしいという思いのほうが、幼いときはことばになりやすいのです。だからこそ、子どもがうれしいとか楽しいとか感じることを共有することが、子どもの感性を育てる基礎になるのです。

ままごとコーナーで遊んでいるとき

一歳児クラス。手作りのカーテンや食器棚やソファーもあり、とても家庭的な雰囲気のある、人気のコーナーで遊んでいるときのこと。

布を貼った低目の、四角いテーブルを囲んで、はるな・ひろと・そうたと保育士が座っている。テーブルの上には、お皿、カップ、ケーキやピザなどの食べ物がバイキングのように、色とりどりに盛られている。（はるな…一歳五ヵ月。ひろと…一歳四ヵ月。そうた…一歳九ヵ月）

①ピザをめぐって

はるな「はるちゃんね、ピザ食べるんだぁ！」

と、皿の上に載ったピザを切って口に運び、食べるまねをする。

保育士「おいしそうだね。先生も食べたいなぁ！」

はるな「いいよ！」

と言いながらすぐに、私の口に〝グイグイ〟っとピザの一ピースを押し込もうとする。

保育士「そんなにいっぱい、食べられないよ」

と言うと「エヘヘ……」といたずらっぽく笑っている。

【考察】はるなはまるで、〝してやったり！〟という感じ。そういえば、食べるのが大好きなはるなだが、苦手な献立が出たときに、私はこんなふうに介助したことはなかったか？〝日頃の恨み？〟これからはもっと優しく介助しよう！と反省した次第……。

②繰り返しが子どもを育てる

ひろとはミニペットボトルの色水ジュースを手にして口に当て「ごくごく……」と言いながら飲んでいる。飲んだまねをした後、満足そうな顔をして（口の周りは濡れていないのに）口の周りを右手でゴシゴシと拭いている。その後、さっと立ち上がり、布製の手提げ袋にたくさんの玩具を詰め込んで、私をじっと見る。

「いってらっしゃい！」

と声をかけながら手を振ると、満足そうに深くうなずいて手を振って他の場所へ歩いて行き、また戻って来て――を何回も繰り返して遊ぶ。

【考察】まるで〝出勤前〟のお父さんを再現しているようだった。満面の笑顔が印象的。

③「カンパ～イ！」の持つ意味

「なんか、喉が渇いてきちゃったなぁ。先生もコーヒー、飲みたいな」

と言うと、そうたがテーブルの上に置いてあった空のカップに、別のペットボトルを手に持ち、飲み物を注いで入れてくれるまねをする。

「あ〜、そうたくんありがとね。今、喉が渇いてて、なんか飲みたかったんだよ！」

と声を掛けると、カップを前に突き出して、保育士のカップと打ち合わせて、〝カチッ〟と音がするとうれしそうに、

「パイッ！」

と言う。

「乾杯ね!?　乾杯〜！」

と保育士もカップを前に出すと、傍にいたはるなとひろとも一緒に「パンパイ〜！」と言ってカップを合わせる。そうたは保育士の目を見つめ、うれしそうに、

「オイシイネエ！　おいしいねえ！　美味しいねえ！」

とニュアンスを変えながら何回も言っていた。


【考察】最近、ことばを話し始めた。場面と自分の気持ちが一致した感じが、とてもうれしかったようだ。それなりに楽しい雰囲気があり、何気ないいつもの保育の場面。しかし、いつもありきたりのことばかけで反省。どんなことばかけがよりよいのか？　自問自答中。

研究会（〝口頭詩と子どもの発達〟研究会）ではまず、後藤さんが持ってきてくれたこの四つの記録について自由にコメントを出し合いました。

①について

「私たち自身も、子どもたちに食べ物を食べさせるときに、『がんばって』と言いがちですよね。だから、こんなことってあるかもしれません」

②について

「口の周りを右手でゴシゴシ拭いているようすなどを見ると、ごっこが再現できるようになってきたなと思いました」

「ひろとくんのように私も何度も同じごっこを繰り返しやっています。私は楽しいのですが、ベテランの先生から見ると、『長すぎる』と言われるんです」

③について

「『オイシイネエ～！』ということばは、先生とのやりとりをもっと楽しくしたいと思って言っているんだと思う」

「『カンパ～イ』が好きなのが、一歳児の特徴だと思う」

「子どもとのやりとりの楽しさが、伝わってくる」

いろいろな角度からのコメントが出てきてなかなかいい話し合いでした。

ところで、この記録の中で気になるのは、①のはるなちゃんのことです。私はこんな話をしました。

「はるなちゃんがいたずらっぽく笑っているけど、これはどうしてだと思いますか？　これは、保育士が受け止めてくれるかどうかを試しているのかもしれません。でも、いきなりこんなふうにピザをグイグイと口に入れるまでのことをしたりしないと思います。子どもというのは、幼くてもテリトリーというか自分のエリアがあって、そのエリアを他人のエリアと交あわせることで、人との付き合いを学んでいったり、人との距離感を育てていくのです。図で示すとこうなります」

【テリトリーの変化】

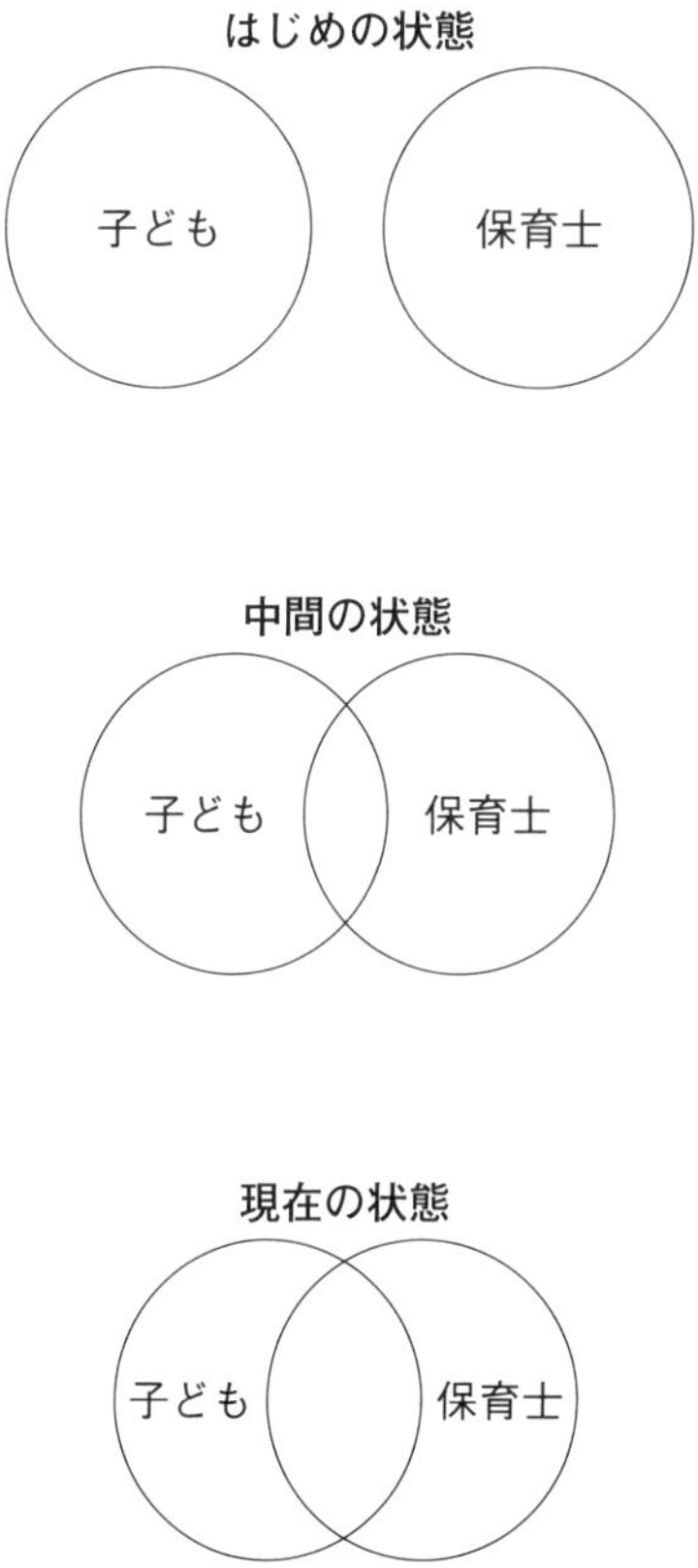

つまり、はじめは子どもと保育士のテリトリーは、交わっていません。しかし、少しずつ人間関係がつくられていくにしたがって、中間の状態になっていきます。そして、最終的にこの記録にあるようなはるなちゃんと保育士の関係になっていくのです。

子どもというのは、不思議なもので、このテリトリーの交わりを大きく持てる大人かどうかを試すところがあるのです。はるなちゃんが後藤さんの口にグイグイとピザを押し込むという行為は、かなり関係性が深まっている段階であると言えます。そう考えると、そうした段階になる前の状態があったはずなのです。そこで私は後藤さんに、

「はるなちゃんとこうした親しい関係ができる前に、何かしらはるなちゃんは『この先生は、私のことをどこまで認めてくれるかな？』と試してきたはずです。何かありませんでしたか？」

と聞いてみると、

「そういえば、さかんに鼻水を私の顔にこすりつけたり、ほっぺたをくっつけてきたりしました」

とのことでした。

子どもは、ウンチやオシッコ、おならの話が大好きです。なぜなら、それらが自分の体から出た分身のような感覚があるからです。それと同様に、鼻水というのも大人にとっては汚い存在かもしれませんが、子どもにとってはやはり分身のような感覚があるのです。そうした鼻水をつけるという行為を通して、はるなちゃんは後藤さんへの親しみを深めていったと言えるのです。

また、子どもたちにとっては、「カンパ～イ！」という行為は、とてもすてきな行為なのです。

その声をかければ、みんなが同じことをしてくれるのですから。普段はバラバラなのに、そのときだけは、みんなが「カンパ〜イ！」と言って同じ行為をしてくれるのです。こんなすごいことばは、他にはないのではないでしょうか。

こうした形で口頭詩の実践記録を分析していくことが、「実践を理論化する」ということにつながっていくのだ、ということを確認しあうきっかけとなった実践研究でした。

■どうぞどうぞ!!

二月二〇日　午前一〇時頃

（一歳児クラス五人と一時保育の子ども（一歳児・ゆうた）のやりとり）

一時保育室のトイレを借りた一歳児クラスの五人は用を済ませ、それぞれズボンをはいていた。そこへ、一時保育の子どもゆうたが近づくと……。一斉に興味深く覗く一歳児クラスの子どもたち。（高杉＝一時保育担任）

一歳児担任　「こんにちは！　おトイレお借りしてます!!」

高　杉　「どうぞどうぞ!!」

高　杉　「どんぐり（一時保育）のゆうたくんもおしっこなんだ。おトイレ使ってもいい？」

一歳児「……」

一歳児担任「みんな終わったから『どうぞ！』っていってあげようか」

一歳児あやの「どうぞ！」

一歳児たいち「どうじょどうじょ」

一歳児まさき「（ちょっと考えてから）……どうぞ！　めしあがれ!!」

一歳児担任「（笑いをこらえながら）そうだよね。どうぞ!!　だよね。まさきくん」

一歳児まさき「（うれしそうに）どうぞ!!　どうぞ!!　めしあがれ!!」

一時保育ゆうた「ありがと」（にっこり笑って便器にまたがった）

【考察】一歳児のこの時期はことばが出てきて、使うのが楽しい様子。また、ひとつのことばを繰り返し伝える楽しさも伝わってきた。担任がどうぞということばをうながしたのに対し、いままで使ったことがある場面や経験を総動員して発したあやのとたいちとまさき。その中でまさきにとって、どうぞのうれしい場面は食事をいざ食べ始める場面なのだろうと想像でき、ほほえましかった。担任も私も間違いを正すのではなく、どうぞを繰り返す楽しさを共感していった。一時保育ゆうたにも、どうぞのことばはしっかりと伝わり、「ありがと」のことばが出てきたと感じる。ひとつのことばを様々な場面で試しながら、意味やＴＰＯを獲得していくのだと思った。また、同じことば

を、心を許した担任や友だちと繰り返し発することも、言語面の発達だけではなく社会性を獲得するうえで必要かつ大切な経験なのだと感じた。

「どうぞ」とか「いらっしゃいませ」ということばは、人と人とをつなげる大切なことばです。「どうぞ！　めしあがれ!!」とは「どうぞ！　あなたのものですよ」（このトイレを、あなたのものとして使ってください）という寛容な意味合いとして、解釈して受けとることはできないでしょうか？　私にとっては、まったく違和感がない〝誘いのことば〟として受けとめることができます。

子どもはいずれときを経て、正しい日本語やことばを獲得していきます。それはその子の持っている力、熟す時期を〝待つ〟ということなのかもしれません。今、大事にしたいことは、まさきくんの「どうぞ！　めしあがれ!!」ということばが〝日本語の正しい使い方〟としてどうか？ということではなく、今の彼には〝人を誘うことば〟として存在しているのだととらえることだと思います。このことばを使うことを通して、相手に肯定されていく経験をたくさん経ていき（人と人をつなげることばを使っていくことで）、〝人っておもしろい！〟ということを体感させていくことになるのではないでしょうか？

■「たんぽんぽん」

園児二歳男児ようへい、けいすけ、二歳女児ひなこ、一歳女児まい（計四名）

～さんぽの帰り道～

石垣に複数のたんぽぽが咲いていた。はじめにけいすけが気づいて一言。

けいすけ「せんせい、たんとぽあったよ」
保育士　「ほんとうだね。このお花なんていうの？」
けいすけ　誇らしげに「たんとぽ」
保育士　「たんとぽだね」（隣のたんぽぽを指差して）
　　　　「こっちのお花はたんぽぽかな」
けいすけ「そう！　たんぽぽ」
ようへい「たんぽんぽん」
保育士　「ようへいちゃんのたんぽんぽん、かわいいねぇ」
ようへい　にっこり笑う。

～午睡時～

眠るのがとても不安なようへい。布団の中のようへいに声をかける。

保育士「今日のおさんぽ楽しかったね」
ようへい「……」
保育士「たんぽんぽん咲いてたね」
ようへい「たんぽんぽん」
満足そうに眠りについた。

～午後の遊び～

保育士とけいすけがおうちごっこを楽しんでいる。保育士のおうちにけいすけが着くとインターホンを押すまねをしながら「ピンポーン」や「チンポーン」とことばの変化をわざとふざけて楽しんでいる。それを見たようへい。

ようへい「タンポンポーン!!」

一同大笑い。その後も「たんぽんぽん」と口にしていた。


【考察】ようへいは一時保育の環境になかなか慣れずにいる。言語面ではまだまだ喃語のようで、何を言っているのか不明瞭なところがある。最近は保育士のことばをオウム返しする場面も増えてきている。たんぽぽという花の名前をけいすけが口にしたとき、そして保育士がそのことばを繰り返したとき、ようへいの中に「たんぽぽ」という単語とそこにあるたんぽぽの花が結びついたのではないか。また「たんぽぽ」をようへいなりに「たんぽんぽん」と言えたときのうれしさがその日のその後の生活の中で、新たに結びついていったのではないかと考える。ひとつの単語で他児や保育士と思いを共有できることがようへいにとって自信につながっていったと感じた。帰りに父親に伝えるとさっそく家で母親と話題になり、それを聞いていたようへいが「たんぽんぽん」と話したと、後日うれしそうに報告があったことは家庭への保育の還元につながったと考える。

幼い子どもは、よくことばを言い間違えることがあります。一度保育士が、けいすけくんに向かって「こっちのお花はたんぽぽかな」といった形で、言い間違いを訂正します。それを受けて、けいすけくんは「たんぽぽ」と言うのですが、そばで聞いていたようへいくんは、「たんぽんぽん」と言います。今回は、その間違いを正さず、「ようへいちゃんのたんぽんぽん、かわいいねぇ」と受けとめるのです。それがうれしかったようへいくんは、にっこり笑うのです。なんともほほえましいようすが、目に見えるようです。

ようへいくんが午睡時、不安そうにしていたときに「たんぽんぽん、咲いていたね」と保育士が声をかけることで、ようへいくんはスーッと眠りに入っていきます。ようへいくんにとっては、「たんぽんぽん」ということばが、とてもリズムのある心地よい存在として心の中に残ったのです。楽しかった思いは、子どもの心を安定させる力を持っていることがよくわかりますし、一・二歳の子どもたちにとって、「リズムのあることば」というのがいかに大事かということも分かります。ですから、多少のことばの間違いを許容していくことが一・二歳児には大切なのです。もしかすると、このときのようへいくんとけいすけくんは、「たんとぽ」「たんぽぽ」「たんぽんぽん」の三種類の花が咲いていると勘違いしているかもしれません。それでも、いいのです。それが、「自分の探し出した自分だけの花だ」という思いとつながったかもしれないからです。それは、自分と保育士とのヒミツのことばとしての呪文のようなものとなったのかもしれません。ようへいくんのことばを保育士が引き受け、それをヒミツのことばとして共有し、それが周りのみんなの笑いや共感を呼んだとするなら、幼い子どもにとってこれほどうれしいことはないに違いありません。だからこそ、家でも楽しそうに話をしたのだと思うのです。こうした楽しい思いを家にたくさん持って帰らせることができたら、保育という仕事はもっともっと楽しいものとなっていくに違いありません。

■花火みたい！

二歳児が、給食の牛乳を誤って床に（辺り一面に飛び散るほど）こぼしてしまう。それを見ていたクラスメイトの子が「花火みたい！」とつぶやき、喜んで見る。急いで片付けようとしていた保育士は、そのことばにふと手を止め、改めて見てみると「たしかに、花火みたいだなぁ」と気づく。「子どもの発想って、おもしろいんだなぁ！」と感じた。

こうした事例をもとに話しあっていく中で、保育士の心に余裕がないとどうしても「画一的な考え方」になってしまい、「汚れたからすぐに掃除をする」という形になってしまうのではないかとの話が出ました。

「牛乳をこぼしてしまった」という事実はともすると、〃汚れてしまった〃〃困ったものだ〃といった形でとらえられ、生活の中のただたんなるひとつの雑事として通りすぎてしまうような出来事だと思います。その意識から脱することによってはじめて「子どもの発想って、おもしろいね！」と感じる余裕が生まれたのではないでしょうか。

その後、

「どうしてその子（二歳児）は、そういう発想ができたんだと思いますか？」

と問いかけてみたのです。すると、

「白い牛乳の形が、花火の形に見えたからじゃないのか」

「牛乳が流れ出たときのようすが、花火が打ち上がったときのようすに見えた」

などと意見が出ました。

人間は（大人は）、物を見るときにどうしても、形・色・中身を統一して見るので、「牛乳をこぼした」事実そのものをリアルに見てしまうのです。だけど二歳児は、それがまだ未分化な状態（それぞれの側面を統合していないがゆえに、印象深かったことがことばになる）なので、床にこぼれた牛乳を見たときに、色や中身などの余分な部分がかえって見えず、〝流れの動き方そのものがとても印象深く目に焼き付いて見えた〟ので「花火みたい！」ということばになったと思います。これは、二歳児の特徴と言えるかもしれません。これが五歳児なら、「牛乳がこぼれて、床が白くなったから悪いことをしたなぁ」というような、大人に近い（状況を把握しての）感覚を持つようになると思うのです。

2　三〜四歳児の発達とことば

三歳児は、一・二歳児と違って、ことばが豊かになってきます。たくさんのことばを覚え始める時期です。そして、日本語には同じ音（おん）でありながら、違う意味のことばがたくさんあります。その違いの壁にぶつかるのが三歳児です。この記録には、その三歳児の特徴がよく表れていると思います。

■なぜ鳴くの?

園の桜の木は、晴れた日には、セミがよく鳴いている。その日は雨上がり、三歳児と外に出た。

保育士　「今日はセミが鳴かないね〜」
りょうた「今日はママといっしょなんだよ」
保育士　「えっ、いつも鳴いてるのは、ママがいないからだったの?」
りょうた「そうだよ」

たくま　「ちがうよ、夏だから、だよ！」

【考察】鳴く＝泣くととらえるりょうたくんだった。たくまくんのとらえ方との違いからみても年齢的なものというより、その子の環境や背景などにより、いろいろ違うと思った。大切なのは、どっちが正解で、どっちがハズレなんてないんだ！　ということ。三歳なりに自分の経験と重ね合わせたり、知識を組み立てて会話している。しかし、今までりょうたくんはセミの鳴き声を聞くときは「ママがいないんだ」と感じていたということを知ることができ、うれしかった。

ここで出てくるりょうたくんはきっと、「ママがいない」ということでたくさんの淋しい思いをしたのだと思います。だから、セミが鳴くことについては、「ママがいないから泣く」というとらえ方になっているのでしょう。りょうたくんは三歳児としてはわりと淋しい思いを積み重ねてきた子かもしれません。そう考えると、りょうたくんの心の淋しさを保育園が埋めていく工夫が必要になってきます。私自身が、小さいときに親戚の家に一年間預けられたことがあります。両親の商売が軌道に乗るまでは、仕方のないことだったのです。しかし、「それでも僕は淋しかった」と一言でいいから言いたかったのです。でも私は、「それを言ったら、お父さんとお母さんに迷惑がかかる」と思って、「淋しい」ということばを飲み込んだのです。幼い子どもであっても、そうした気遣いをするのです。その淋しさを誰かにわかってもらいたかったと、今でも思うのです。

子どもの淋しさを知り、共感し、理解してあげることのできる保育士になってほしいと願わずにはいられません。私が保育に興味を持ち、幼い子どものことばに魅かれるのは、そうした自分の幼いときの経験があるからかもしれません。

■「いい子って、どんな子?」

三歳クラス男児、けんと（三歳二ヵ月）つばさ（四歳三ヵ月）
庭での遊び、けんととつばさが汽車のおもちゃを連結させ、貨物のところに砂を入れていた。貨物の部分が一部壊れていた。
けんと「こここわれてる」
私「そうだね、新しい汽車を買ってほしいね。誰に頼もうかな〜?」
けんと「サンタさんにたのめば来るよ!」
私「けんとくんは、ほしい物はサンタさんに頼むの?」
けんと「そうだよ、そうすると来るんだよ。でも、いい子にしないと来ないよ」
私「いい子ってどうすればいいの?」
けんと「……」

（会話を聞いていたつばさが……）

つばさ「あのね、お父さんとお母さんの言うこと聞くんだよ」

けんと「そうだよ！」

私「そうなの～私もいい子にしてよっと」

【考察】「誰に買ってもらおうかな～？」と私がつぶやくように言ったのは、まず「園長にか？主任にか？」と考えていたので、まさかけんとから「サンタさん」と返ってくるとは思わず、楽しかった。けんとのことばを通して母がけんとに「買って」と言われたときに何と言って返しているのかが伝わってきた。

三歳という年齢からいっても、まだまだファンタジーの世界が通じる。でもそこには条件が付いていて、それが「いい子にしてないと……」であり、けんともつばさも共通の「お父さんとお母さんの言うことを聞く」ことであった。両親の想いとファンタジーの世界で生きる三歳児のほほえましい関係が見えてきた。

その日の帰りに、けんとの母に会話を伝えたところ、「そうなんです、だからけんとが〝ママもいい子にしてなね～、サンタさん来るよ〟って言うんですよ」と笑って話していた。三歳の食い違いやズレを、母もけんとを通して楽しんでいるな～と感じた。いい子＝親の言うことを聞くこと、子どもたちはそう思っていてもいつか反発したり、気が付いたりするときがくるのだろう。

子どもたちの会話の中から「それは悪い子！」「いーけないんだ〜、そんなのいい子じゃない！」と聞こえたので、入っていって「ねえ、いい子ってどんな子なの？　教えて」と聞いてみた。四歳クラス女児は「寝る子だよ」……と（今までの会話の繋がりなく）言っていた。これも生活の中で親から言われていることから察しているのかな？　と思った。また、違う年齢やいろんな場面で子どもたちに「いい子」を尋ねて探ってみようと思った。そこから見えてくるものもあるかもしれない。

■五キロくらい!?

前日、よしおが発熱して帰った。また、クラスでおたふくになる子も多く、ひろしはひどいおたふくになり、入院する経験もした。次は、ある日の四歳児の男児三人の会話。

よしお「よし、きのう熱出たんだゾ」
ゆうた「それで帰ったんだよねぇ〜」
ひろし「ひろちゃんなんか、おたふくだったんだから」
よしお「へぇ〜、どのくらい？」
ひろし「…五キロくらい…」
一　同「ふ〜ん」

【考察】めったに熱など出さないよしおにとって、病気になって帰るのは、一大事だったに違いない。体温もきっと、何度もはかってもらったのだろう。たぶん、その「どのくらい?」だったのだと思う。ひろしは、それがピンとこず、何か量を言わなくては……と思ったようで、そのズレのおもしろさに思わず笑ってしまった。

笑いの中の一つに「ズレのおもしろさ」というものがあります。子どもたちは意識して会話をずらしているわけではないのですが、そのズレを大人の側（保育士）が楽しんでいるのがとてもすばらしいと思いました。

子どもたちは、時として私たちの思いと違ったことばを返してきます。また、子どもたち同士で話が通じ合っているようにみえて、ぜんぜん違った視点から話を展開していくこともあります。そんな会話のズレを楽しむというのも、大切なことなのだと思うのです。

■「うんち談義」にノリノリの子どもたち

①ネコのうんち～PART1～

（四歳児女児）

毎朝のように、園庭のプランターにネコがフンをしていることから……。

保育士「どうしていつもここにうんちするんだろうねぇ？」
あさみ「このへんにトイレがないからじゃない？」
保育士「じゃあ、どうしたらしなくなるかなぁ？」
あさみ「先生がこのプランターを家に持って帰ってよ！」
保育士「こんなに重いの持って帰れないよ」
あさみ「ちょっと待ってて。手紙書いてくるから」
　と保育室へ入っていく。張り紙を書いてきたので木に貼る。

ネコさんうんちしないでください いぬさんもうんちしないでください

保育士「これ読めば、きっとしなくなるかな？」
あさみ「でも、ネコは字を読めないとおもうなぁ……」
　翌日プランターにはうんちはなく、その横の地面にしてありました。真っ先に見に行き、
あさみ「あっ!!　うんちしてない！　ネコが見たんだよ！」
　と喜ぶ。地面のうんちを見て、
あさみ「この中にしちゃいけないから、こっちにしたんだね！」

保育士「ちゃんとネコが見たら、字は書けないから、見たよって手のハンコ（手型）をおしてくれるかもね」

その翌日も見に行き、

あさみ「先生、今日もしてないよ」

ネコが字を読めないことは、保育士もあさみちゃんも知っているはずです。でも、「大事な園庭だからうんちをしないでほしい」という思いをどうしても伝えたかったのでしょう。その思いが十分わかったからこそ、大山さん（保育士）は貼り紙をするという行為に付き合ったに違いありません。

子どもの行為に付き合うということは、大事なことだと思うのです。それがたとえばかばかしいことのように私たち大人には思えたとしても、一緒にやってみることの中で見えてくることがたくさんあるのです。子どもの行為は、いつも本気なのですから……。

②ネコのうんち～PART2～

（四・五歳児　⑤は五歳児のこと）

ネコへの張り紙をしたことで、プランターなどにフンをしない日が続いていたが、ある日……。

あさみ「わ～っ！　たいへん！　私がせっかく手紙を書いたのにうんちがしてある!!」

「先生、ハートの形のうんちだよ〜」（ほんとうにハートの形でした）
保育士「ほんとうにハートみたいだね。ハートをうんちで作れるなんてすごいなぁ……」
保育士「ネコのうんちと皆のうんちを比べると、どうだろうな？　色とか臭いとかは？」
あさみ「黄色いね」
ゆう　「ベージュじゃない」
保育士「皆のは、何色なの？」
あさみ「黒だよ」
なおや「黒いよ。こんな色のうんちの人はいないよね〜」
まさし⑤「まさきのは、黒茶色でもっと太いよ」
保育士「このネコうんちは、いいうんちかなぁ？」
なおや「バナナうんちだから、いいうんちだょ。ゲリしてたら、ゲリうんちでしょ」
保育士「臭いは、どうだろうね？」
はるひこ⑤「くっさ〜い！」（ほんとうに間近まで鼻を近づけて）
保育士「ネコは何食べたんだろうね？」
あさみ「ハート形のオムライスじゃない」
ゆう　「カレーじゃない」
ひろき⑤「こんなにくさいから、にんにくだよ！」

「にんにく食べた次の日は、くさいんだよなぁ」
はるひこ⑤「どんぐりくさいよ」
保育士「みんなのもくさいの？」
なおや「くさい日と、くさくない日があるよ」
あさみ「そうだょ。うんちが毎日出ないと、固くなってくさいし、すごく出るのもたいへんなんだよ。でも毎日出ると、やわらかいし、あんまりくさくないよ」
保育士「あさみちゃん、便秘症だったからよく知ってるよね」
（皆、ずっとうんちのそばから離れないので）
保育士「このうんち、どうする？　片付けていい？　持って帰る？　観察してこのままにしておく？　集める？」
あさみ「いいね〜。集めようよ。バケツに入れて、混ぜてみようか」
保育士（二人で盛り上がるがバイ菌もたくさんなので処理し、またうんちされないようにはがれかけていた貼り紙を見えるよう貼り直した。）

先の「『ネコさんうんちしないでください』と貼り紙をした」という記録がPART1として提案されたとき、「体の仕組みとつなげられるとおもしろいのではないか？」とのアドバイスを受けて生まれたのが、今回のPART2です。

四・五歳児の子どもたちが、うんちをめぐってあれこれ言い合うだけでなく、うんちと健康までつなげた発言が出てきたのです。普通なら、「うんちなんて汚いんだから……」と言ってしまいがちです。それを、子どもにここまで自由に発言させる度量の広さがすばらしいと思いました。最後の「このうんち、どうする？　片付けていい？　持って帰る？　観察してこのままにしておく？　集める？」なんていうことばは、なかなか言えるものではありません。それに対して、子どもたちが「いいね〜。集めようよ。バケツに入れて、混ぜてみようか」とまで言うのです。汚いのを通り越して、「すごい！」としか言いようがありません。

3　五～六歳児の発達とことば

考えてみると、私たちも「子どもだから……」という理由で、何度唇を噛んだことでしょう。幼い子のどんなことばであっても、私たち大人が耳を傾ける必要があるのだと思います。次の記録は、鈴木さんが子どもの声に耳を傾けたからこそ、彼らが言い始めた本音なのです。この研究会で培ってきたことが、鈴木さんの事例に結実しているような気がした瞬間でした。子どもの本音を聴きとる姿勢を、すべての大人が持ったら、世の中が変わるに違いありません。

■子どもだって怒っているんだ！

（五歳児クラス）

ちさと（六歳七ヵ月）　ゆりこ（六歳七ヵ月）　しょうこ（五歳十一ヵ月）

ちさと　「あたし、のぶえ先生に変身したいな」

保育士　「なんで？」

ちさと　「だって、好きに怒れるから……」
保育士　「エッ……（絶句）」
ちさと　「だってお母さんが、子どもは怒っちゃいけないって言うんだもん」
保育士　「ちーちゃんのお母さんは、怒らないの？」
ちさと　「お母さんは、怒ってる！　私も怒りたいけれど、言うと怒られるから、心の中で『バカヤロー』とか思っている。これ絶対に言わないでね」
保育士　「ふぅ～ん、子どもは怒っちゃいけないんだ」
ゆりこ　「そりゃあ、そうだよ」
保育士　「そうなんだ」
しょうこ　「あたし、大人は怒ってほしくないけど、子どもは怒っていいと思う」
保育士　「どんなとき、怒りたくなる？」
はるき　「先生が、ドッヂボールをさせてくれないとき」
しょうこ　「あたし、ドッヂボールのとき、お腹にボールがあたって痛かったのに、のぶえ先生が『大丈夫』って言ったのが、すごくむかついちゃった」
保育士　「そうだったんだ。ごめんね」
ちさと　「眠くないのに、お昼寝のとき、『静かに!!』って言われると、自分が寝ればいいじゃんって思う」

保育士　「ふぅ～ん」
しょうこ「そうだよ。子どものほうが怒っているんだからね」

この口頭詩は、見事に五歳児の発達を示しているように思うのです。大人からしたら変な理屈を言っているのかもしれませんが、自分なりの言い分を持ち、それに基づいて話を展開しているところがほんとうにおもしろいと思うのです。

「子どものほうが怒っているんだからね」

という最後のことばが、子どもの奥底に隠れている本音なのかもしれません。

幼い子であっても、様々な思いを持っているのです。そのことを、私たちは忘れてはならないのではないでしょうか。

■ホッとするとき

（五歳児クラス　四月）

誕生表を作るために、自分の顔を描く活動をする。家を作り（紙で）、そこに自分が描いた顔を貼ろうと考えた。「家」を連想させようと思い、こう聞いてみた。

保育士「みんなは、〝ホッとするなー〟と思うところ、ある？」
なつき「あるよ〜、温泉とか」
りお「そう、ハワイアンズとかね」
つかさ「電車の中とか……」
ひとみ「車の中」
かずき「保育園！」
保育士「保育園!!　うれしいなぁ〜」
るり「お風呂」
保育士「お風呂に入ると、ホッとするよねぇ〜」
こずえ「おうち！」
（やっと出ました！）

【考察】保護者にも、この会話を聞いてもらったところ、ある母親が、「〝電車の中〟ってわかります。出かけても、京浜東北線に乗って、蒲田が近づいてくると〝ホッとしたね〟と、つい親も言うことがあるんじゃないですかね」と。
たんに「ホッとできるのは家」と思っていたが、子どもにとってはその一瞬一瞬いろんな場面でホッとするところがあるのだと思った（でき上がった誕生表は、るりは家の中でお風呂に入っている自分を作っていた）。

研究会が口頭詩（子どものつぶやき）に取り組んでいる意味が、この記録の中に十分表れているように思うのです。私たちは、口頭詩を聴きとっていく中で、「子どものおもしろさ」や「子どもの発想」を知っていく必要があります。しかし、逆に経験を積めば積むほど、「子どもはこうあるべきだ！」といった〝べきだ論〟におちいりやすくなるのもたしかなのではないでしょうか。

菊地さんは、「子どもにとってホッとするところは家であるはずだ」という前提で取り組みを進めています。しかし、その思い込みが違うことに、気がついていくのです。保育という仕事への柔軟さは、子どものことばをとらえ直す中で生まれていくのだと思うのです。また一つ、保育という仕事の奥深さを知ることができた報告でした。

こうした子どもの認識を知ることができたキーワードは、菊地さんの「みんなは、〝ホッとするなー〟と思うところ、ある？」ということばです。〝ホッとするなー〟ということばは、よくよく考えてみると非常にあいまいなことばです。あいまいなことばだからこそ、子どもたちのイメージがひろがり、つながっていったのではないでしょうか。子どもにとっての明確すぎることばは、イメージの狭さを生み出す可能性もあります。もちろん、子どもを作業に集中させたり、子どもの動きをしっかりと創り出していくには、明確なことばで指示することも大切でしょう。

しかし、ときにはこうしたあいまいなことばをわざと使うことで、子どものイメージをひろげていくこともあっていいのではないでしょうか。

菊地さんは最後に、「『ホッとできるのは家』と思っていたが、子どもにとってはその一瞬一瞬いろんな場面でホッとするところがあるのだと思った」と述べています。こうしたとらえ方をしていくことが、豊かな子ども観を創っていくのだと思うのです。

また、るりちゃんが「家の中でお風呂に入っている自分を作った」とのこと。「誕生表を作るから、家の中に自分の描いた顔を貼ってね」と指示したら生まれなかったに違いありません。保育実践の豊かさと、保育士の認識変化が見事につながった記録だと言えるのではないでしょうか。

■「涙は泣くためにあるんじゃない！」

みさき（五歳）　えり（五歳）　ともか（五歳）　りょうこ（六歳）

年長児の女の子四人。まだ梅雨の真っ最中、七月の雨の日に室内で遊んでいた。四人は積み木で「かまくら」を作ろう……と取りかかる。コツコツ積んでいき完成が見えて来た頃、みさきが動いたことで積み木は半壊してしまった。三人はみさきを責めるように怒っていた。みさきはすぐ泣いた。泣いているみさきに……。

えり　「泣きたいのはこっちだよ！」
みさき　「バカ、はなくそ……あっ、ごめんね」
えり　「はなくそなんて、ゆるせない！」
みさき　「あやまってんのにゆるしてくんない～」（さらに泣く）　耳をふさぐ三人。
（りえ「泣き声うるさいよ！」と周りから声がかかる）
えり　「みんな耳ふさいでるよ」
ともか　「みんなに迷惑でしょう」
りょうこ　「そんなに泣くのは、星組（0歳）だよ」
みさき　「みんなには関係ないでしょ！」
りょうこ　「関係あるよ、うるさくて本とか読めないでしょう」
えり　「早く遊びたいのに時間がもったいないよ」
（こうき「泣くと目が赤くなるよ」と周りから）
えり　「バカ、はなくそとか言ってるほうが悪い」
みさき　「だから、ごめんって言ってるでしょ」
えり　「泣いたら許せると思ってんの？　涙は泣くためにあるんじゃない！」
（りえ「どーしたのよ？」と近づいてくる）
えり　「先生、何とか言ってよ」

私は意識させないように背中を向けて少し離れた場所からこのやりとりを書きとめていた。りえも加わり、それぞれ自分を主張して言い合っているうちに、えりが立ち上がり、その弾みで半分は保っていた積み木は崩れ、全壊になってしまった。

えり　「ごめんね」
みさき　「ごめんね」
えり　「今日もゆるすよ」

【考察】えりの「今日もゆるすよ」と言った裏にはいつも泣いてすまそうとする、みさきに対しての思いが込められている。そして、いつも自分のほうが許している……という思いがあったのだろう。自分が責めていたのに、同じように壊してしまったらすぐに〝謝る〟そして〝許す〟勇気はすごい！　と思った。記録してみてわかったことは、えりの心の動きだった。自分のほうが正しい！と主張するが、周りから「泣くと目が赤くなるよ」と、泣いているほうへの同情の声があった瞬間、みさきの何が悪いのか！　を改めてみんなに知らしめているようだ（自分が泣かせているんじゃないと）。そして、りえが「どーしたのよ」と入って来たときに「先生……」と助けを求めた。そうこうしているうちに、動揺が身体にも表われたのか、ひざで積み木を壊してしまった。そのときのえりの気持ちは書いてみて気づき、痛いほど伝わってきた。あのときはどう声をかけてあげたらよかったのか。また、みさきの立場にたったとき、わざとやったわけでもないのに怒られたことの悔しさ、哀しさ。謝るタイミングをずらしてしまった気まずさ。自分だって泣きたくて泣いているんじゃない！　という気持ちだろう。また、このやりとりを四人でしている中、周りから声がかかることについては、ほっとけない精神からだろうと思った。子どもたちは自分の遊びをしながらもよく聞いている。そしてけんかを止めるのではなく、やんわりとその争い事へ一石を投じ、流れを変えようとしているのではないか、と思った。

争いの最中、えりの「涙は泣くためにあるんじゃない」と出たこのことばは四ヵ月ほど前に看護師から「目の大切さ」の保健指導を受け、その中に〝涙の働き〟があった。涙は目を潤し、保護する役割と知り、心の中にそっとしまっていたことばだったのだろう。聞いた瞬間はドキッとした。いつも許してくれて優しいえりに甘えるみさき。感情をストレートに出せるみさきをうらやましいと感じているえり。日常の中でひとつのトラブルとしてやりすごしてしまうことも、ことばを聴き、ことばにこだわってみると、見えてくるその子の心の揺れや葛藤。そして、その重さや深さを感じ、さらに自分のことばと対応について考えなくてはと思う。

私がこの記録の中に出てくる子どもたちのやりとりを通して気がつくことは、「泣く」という行為の意味のとらえ方が、数段大人になっているということです。幼いときは、「泣く」ということで許されることが多かったと思うのです。それが、「泣く」＝「許される」という図式では成立しなくなっているのです。そして、「泣く」という行為の正当性が問われ始めているのです。これは子どもたちが、その出来事やトラブルの根本的な原因に目がいくようになった表れです。これは成長の過程として、とても大切だと思うのです。

ぼくと私の宝物

菊地さんが、「そらぐみだより」という五歳児のクラス便りを持ってきてくれました。これは、一人ひとりの子どもが宝物を持ってきて、それをみんなの前で説明したり自慢したりするものです。いくつか紹介してみましょう。

そらぐみだより
「ぼくの！　わたしの！　宝物です」
友だちの話を聞く、友だちに自分のことを話すことをねらいにして今日、「宝物」を自慢する活動を行いました。「何を持って来ようかな？」とかなり迷ったり、悩んだりしたようですね。お母さん方が子どもたちの気持ちを汲んで相談にのってくださったんだろうなーということが伝わってきました。ご協力、どうもありがとうございました。おかげさまで、とっても楽しい活動となり、すぐご報告したくなりました。

◎自分の大のお気に入りを話すんですから、約束やルールなんてなしで、自由にその宝について話してもらいました。ただし！　聞く人は〝しゃべらない〟です。

1、ゆりか…赤ちゃんのときからのお気に入りのキティちゃんのハンカチ

…お母さんが買ってきてくれたハンカチだそうです。朝、実はキラキラの宝を持ってくる途中、落としてしまったという悲しい事件もありました。なので、いつも持っているこのハンカチのことを話してくれました。

2、しゅん…小さい頃の自分の写真

…写真をみんなに見せると「わ～、かわいい」と。何枚か持ってきて、どれも気に入っています。自分でもいとおしそうに見ていました。

3、うらら…毎日使っているまくら

…「このまくらはよく眠れる」と、うみ組から使い始めた手放せないまくらだそうです。

4、まりな…みんな（空組）の名前が書いてあるノート

…大きくなっても忘れないように、みんなの名前を書きました。中には、保育園の先生の名前や好きな歌もありました。

読んでみると、どれもほんとうにいいのです。まりなちゃんなんて、「みんなの名前が書いてあるノート」を持ってきて、「大きくなっても忘れないように」との理由を語ってくれるのです。なんて可愛い子なのだろうと思います。当然、保育園を卒園して少しすれば、忘れてしまうだろうと思います。でも、それでいいのです。子どもはいつも明日に生きる存在なのですから……。ただ、こうした思いを持っていた瞬間が写真のように子どもの心には記録されていくのです。そして、それが年月を経て沈殿していきながら、その子の性格の一部となっていくのだと思うのです。

この実践で一番いいのは、子どもが実際の物を持ってきて、その物にまつわる思いを語っていることです。こうした実践は、子どものことばを実感あるものとして育てていく貴重な取り組みの一つだと思うのです。

子どものことばと感覚はけっこう遠いものなのです。それを近づけるためには、両者をつなぐことばを教えていく必要があり、それを教えることで体（感覚）とことばがつながっていくと私は考えています。子どものことばと感覚の隙間を埋め、両者をつなぐことばを教えるための一つの方法がここにあると思います。また、五歳児がことばをほんとうの意味で獲得していくための、一番大きなポイントと言えるかもしれません。

子どもたちは、一時間一五分もの間、とてもよく聞いていたそうです。多少イスをガタガタさせたりということはあったようですが……。最後には、菊地さん自身が一五年前に亡くなった大好きだった祖母の写真を見せて語ったそうです。こうした形で、自分を子どもたちに語るのもいいなと思いました。

■カレンダーに書き込まれた子どもの思い

【連絡帳から】（五歳児男子の母）

先日保育園で創ったカレンダーに、一日～一五日まで適当ですが、びっしりとスケジュールが書き込んでありました。（^_^）

・ひこしするひ
・くるかてもらうひ
・ひちごさん
・おもちゃかうひ
・ほんかうひ
・びょいん
・しゃしんとてもらうひ
・つきがみたいひ
・もおあえないひ

・ええがみるひ
あと、判別不能が数日ありました。なんか「月が見たい日」なんてすてきだし。もう会えない日って寂しげなものもあったりで……、思わずじっと顔を見てしまいました。捨てようと思ったのですが、読んでみると面白かったので、残りの一五日間をいつか書いてくれるかもしれないので、捨てずに取っておくことにしました。

カレンダーに書き込まれた五歳児の予定。なんだかどれも、立派な口頭詩に見えてきます。子どもって、なんてすてきなのでしょう。そんな子どもの思いに気づき、カレンダーを捨てなかったお母さんと、その連絡帳の値打ちに気づいた相澤さんに、私は拍手をあげたくなりました。カレンダーに書かれていることばは、どれも稚拙です。稚拙であるがゆえに、私たち大人の心を揺り動かさざるをえません。子どもの口頭詩の深さをまた一つ知ることができた瞬間でした。

■二歳児クラスでのことを年長児になって伝えたけんじ

ある冬の日の事務室と、夕方保育の保育室でのこと。
・五歳児クラス　けんじ（六歳一〇ヵ月）
けんじは年の離れた兄姉の中で育ち、両親は共に感情をあまり外に出さないタイプで送迎時も淡々としており、「ホラ、もう帰るよ！」といった具合であった。少し大人びた口調で話すけんじは、二歳児クラスのときからリーダー的存在であり、とくに男児の憧れの的でもあった。けんじが二歳児クラスのとき、私は主任として転勤してきた。クラス担任の一人が病気欠席になったため、急きょ三ヵ月ほどクラスに入った。

けんじが五歳児クラスになっていた冬のある日、事務室で一人事務をとっていた私の後ろに回り、椅子の背もたれに触れながらきて、私の斜め前に立った。

けんじ「ネェ、ネェ……、庄司センセーさぁ……」

私「なあに？」

けんじ「エ〜ッと、なんだっけ……？」（と少しためらいの表情を見せながら）

けんじ「ぼくが、かなりや（二歳児クラス）のときさぁ、オッパイいっぱいさわっていいって言ったんだよね」（と意を決したように言って、ウフフとテレ笑いをする）

私「そうだよ、触っていいんだよ」（と答えると、スーッと事務室を出て行った）

数日後、夕方の当番だった私は、保育室で他の子どもたちと遊んでいた。すると、少し離れたところにいたけんじが

「ネェネエ、みんな!!　庄司センセーのオッパイ、だれでもさわっていいんだよ!!」

と言ってきた。他児は、そのことばにさほどの関心は示さなかったが、けんじはなぜかうれしそうにニコニコしていた。

【考察】けんじは年長児になっても、眠るときは指をしゃぶるクセがあった。二歳児クラスのときから男児の憧れの的であり、ボス的存在であったが、遊びが見つからないときやふとしたときに、指しゃぶりが見られたり、私が座っていると後ろからおぶさるようにして胸を触ることがあった。

けんじは家庭でも大人扱いされ、二歳児クラスでも常にボスを演じなければならず、ストレスがあっての行為と思われ、とくに指摘することなく見守ってきた。

そのことを、卒園を控えてわざわざ三年も前のことを、私に確認をとるかのように話にきて、さらに他の子どもたちに伝えている姿に、けんじの気持ちが満たされていないことを知る思いであった。

これは、庄司さんの一〇年ほど前の記録です。読んでいて、一〇年経っても、子どもというものは変化していないのだなと思うことができました。

この事例をもとに、研究会で少し深めてみることにしました。

増田「ここで言う〝リーダー的存在〟と〝憧れの的〟ということの内容を、もう少し詳しく説明してくれますか？」

庄司「〝リーダー的存在〟というのは、遊びでも『〇〇するぞ！』と命令して言うことをきかせようとしていたことです。〝憧れの的〟というのは、何でもできるし足も速いので、どうしても中心的な存在になり、『すごいな～』とみんなに思われていたことです」

増田「ここで、このけんじは二歳のときの約束のことを何でいまさら言ったのだと思いますか？」

亀田「やっぱり、触りたいから確認したんだと思います」

高杉「家庭でのスキンシップの不足を、ここで埋めようとしたのかな～」

増田「そうだね。ここで考えられることは、三つあると思うんです。一つ目は、断乳のときに母親からの拒否感を感じたのではないかということです。二つ目は、五歳になって友だちとの関係をどのように持ったらいいかで壁にぶつかっているというか、困っているということが予想できます。三つ目は、けんじの〝いっぱい触っていい〟ということばを別のことばに直すと、『いつでも、どこでも僕のことを受け入れてくれる？』ということだと思います。また、けんじが『オッパイだれでもさわっていいんだよ!!』と宣言しているけど、みんなに『オッパイさわってる～』と言われないために言っているのだと思います。また、うれしそうにニコニコしていたのは、みんなが「エーッ！　だめだよ！」と言わなかったからだと思うのです。私たちに求められているのは、子どもの深い部分にある思いや願いをイマジネーション豊かに想像できるかどうかということなんです」

増田「子どもが保育士にスキンシップというかコンタクトを取る方法っていろいろあるけど、どんな方法があるでしょうか」
亀田「手をつないでくる」
菊地「膝の上に乗ってくる」
相澤「うしろから抱きついてくる」
増田「その中で、とくにうしろからコンタクトを取ろうとする子は、どんな特徴というか、どんなときだと思いますか？」
高杉「何かしら不安を感じているとき」
増田「そうですね。保育士にコンタクトを取るときに、いつもうしろから抱きついてきたりする子は、何かしらの不安を感じている子が多いようです。ですから、いつもは前からコンタクトを取るのに、うしろからコンタクトを取ろうとしてきたときには、あれ、いつもと違うな、何かあったのかな？　とその子どもの状況をもう少し深く把握してみようとするきっかけにしてほしいですね」

子どもがどんなふうに保育士にコンタクトを取ろうとしてくるかを通して、子どものそのときの心の状態やその子の家庭での問題などを考えることができるのだと思います。手をつなぐときにも、どのように手をつなごうとするか、そのささいな変化を見逃さない大人でいたいものです。

「子どもに寄り添う」ということがよく言われます。そのことばの持っている意味を、もっともっと具体化していく必要があると思います。ほかにも、「子どもの声をよく聴く」とか、「子どもの心に共感する」とか、大切なこと、あたりまえのこととして、保育の中で言われていることばがたくさんあります。しかし、こうしたことばを実際に保育実践にどのくらい活かせているでしょうか。私たちの仕事は、そうしたことばを、もっともっと具体化して子どもと接していくということだと思うのです。そう考えれば、あたりまえのことの中に、やらなくてはいけないことがたくさん見えてくるのではないでしょうか。

第1章における「学びのポイント10」

❶子どもと保育士との関係は、テリトリーの交わり具合で変化していく。

❷「カンパ〜イ！」ということばは、人と人をつなげることのできる素晴らしいことばである。そうした人と人をつなげることばを、子どもたちにたくさん教えていくことが大切だし、つなげることばを創り出していくことが大切である。

❸「どうぞ」とか「めしあがれ」などは、人を誘うときの最高のことばである。そうした人と人をつなげることばをたくさん獲得させていくことが大切。

❹多少のことばの間違いを許容していくことが一・二歳児には大切であること。そして、子どもが話すことばをヒミツのことばとして共有することで、子どもと保育士の関係が深まる。

❺幼い子どもであっても、気遣いをする。その子どもの淋しさを知り、共感し、理解してあげることのできる保育士になることが大切である。

❻子どものことばと感覚の遠さをつなぐことばを教えていくことが大切である。

❼「子ども同士」「子どもと保育士」の認識のズレを楽しむぐらいの余裕が必要。

❽「うんち」「おしっこ」「おなら」は、幼い子どもにとっては、分身のような感覚がある。だからこそ「汚い」と言って、その思いをすぐさま切らないことが大切。

❾子どもがどのように保育士にコンタクトを取ろうとしてくるかということを通して、子どものそのときの心の状態やその子の家庭での問題などを考えることができる。

❿保育の中であたり前のように使われていることばをもう一度とらえ直し、もっと具体化して子どもと接していくことで、やらなくてはいけないことがたくさん見えてくる。

第2章

子どものことばに働きかける

1　ことばかけの大切さ

第一回の研究会の冒頭に発表してくれたのは、井島さんでした。井島さんは、二歳児・三歳児・四歳児クラスの口頭詩（つぶやき）を発表してくれました。

①おばけごっこ（二歳児男子）
「おばけをさがしに行こう」と言って二歳児の男の子がおばけごっこを始めた。
そのときにおばけになった保育士が押し入れから出てきたとき、
「先生むりしなくていいよ」と言いながら使っていた布をサッサとたたんだ。

②おとなの焼肉（二歳児女子）
散歩の帰り道に定食屋のそばを通ったとき、
「おとなの焼肉のにおいがするね」

③おちんちん（三歳児男子）
三歳児の男の子がおもらしをするので、

母「やまぶき組のお兄さんになったのに」
子「おちんちんは、まだあざみ組だもん」
④食事のとき（三歳児男子）
母「こんにゃくは、体をおそうじしてくれるのよ」
子「おなかの中でそうじきの音がするよ」
⑤食事当番
　食事当番のあいさつで四歳の男の子が、

「どうぞ、いただきますをめしあがれ」
⑥こいのぼり（四歳児男子）
　こいのぼりの吹き流しを見て、

「あれは、おじいさんだよ」

「ちがうよ！　あれはエサだよ！」


　この事例をめぐって、話し合いました。
　①の「おばけごっこ」について、
「この内容が少しわかりにくいので、わかりやすく説明してほしい」との質問に井島さんは、

「おばけになった保育士が一休みして押入れから出てきたとき、怖かったから言ったことばだと

思う。井島先生もこわいだろうから、無理しなくてもいいよという気持ちがあるのではないかと思う」と答えます。

また、②の「おとなの焼肉」では、「みんなで、おなかすいたねと言いながら園に帰った」との説明がありました。

こうした話し合いを聞きながら、私は「どうしたらもっと話し合いが深まるのだろう？　いや、深まらないのはなぜだろう？」と考えていました。

他のメンバーが事例を持ってきた人に質問し、発表者がそれに答えるという形。これを繰り返していくだけでは、子ども論議は深まっていきません。私は、「話し合いが深まっていかないのは、持ってきた事例の中に保育士の動きが出ていないからではないか？　また、そのときの保育士の働きかけが見えないので、ただ事例を読みとるだけになってしまっているのではないか？」と思ったのです。そこで、私は次のような話をしました。

「保育士にとって、一番気がかりなのは『どんな子が学校に入っても大丈夫なのか？』ということではないですか。僕は教師をしていて、先生の目を見てしっかり話を聞ける子は、まず大丈夫だと思っています。今、子どもたちはたくさんの条件付き愛情に包まれています。『勉強のできるあなたが好きよ』、『足の速いあなたが好きよ』、『絵の上手なあなたが好きよ』という形にです。そうした条件付き愛情では、いつその愛情を失うかと常に心配することになります。『勉強ができなくなったら、見捨てられるのではないか』という具合にです。だから、今大切なことは、子

ども と子ども・親と子どもの関係を変えていったり、〈一対一〉から〈一対大勢〉への関係へとひろげていくことなのです。そうしたひろがりを持たせることで、親が子どもへの見方を変えていくだろうし、他者とのコミュニケーションの中で子ども自らが自分の価値観をひろげていくのだと思うのです。

つまり、子どもの口頭詩が出てきたときに、『これはおもしろいぞ！』という保育士の判断が大切だし、そうしたことばを聴き逃さない感性が保育士に問われているのです。だからこそ、出てきた口頭詩をみんなの共有財産にしたり、ひろげていくことばかけが必要です。その一番いいことばは、『みんなはどう？』ということばです」。

こう話していく中で、少しずつ口頭詩における保育士の役割への理解がひろがっていきました。

「でも、出てきた子どものことばに、どのようなことばを返せばいいのですか？」

との問いが出てきました。

これは、とても大事なことです。理論はもちろん大事ですが、現場の人間にとって何よりわかりたいのは、具体的な事柄なのです。私たち実践者は、「理論をベースにしながら具体を考えていき、その具体から出てきたものをみんなの力で抽象化し、現場に即した理論を創り出していく」という作業をしていく必要があるのです。そのことが、豊かな保育を創り出していくのです。

私は、こう答えました。

「たとえば、焼肉の事例で子どもが『おとなの焼肉のにおいがするね』と言っていますよね。

そのときに、この事例のように『おなかすいたね』だと、『早く園に帰って何かオヤツを食べたいな』とか『早くお昼にならないかな?』といった方向に考えがいくと思うんです。でも、『おいしそうだね』だったらどうだったでしょう。『そうだね、おいしそうだねー』とか『そんなにいいにおいじゃないよ』とか『おとなの焼肉のにおいじゃないよ』とか『私はもっといいにおいを知ってるよ』という具合に、子どもの会話がひろがっていったはずです。こうした営みとして、口頭詩を考えていったらどうでしょうか。

つまり、口頭詩を集めるのが目的なのではなくて、そのときにどのようなことばをかけて子どもや集団へアプローチしていくかが大切なのです。口頭詩を検討する営みは、子どもをまるごと見るという営みでもあるのです。私たちは、子どもと保育士の会話だけでなく、子どもと子どもがつながりあっていくことを大切にしていかなくてはいけないと思うのです。化学反応で、触媒というのがあります。私たち保育士のことばは、子どもと子どもをつなげていく触媒のような役目を持たなくてはいけないのです」

さらに私は、ことばを続けました。

「『子供を伸ばす魔法のことば』(シャロン伴野著、コスモトゥーワン)というのがはやっているけど、僕たちが大切にしたいし考え出したいのは、〝子どものことばを発達させる一〇のことば〟みたいなものです。たとえば、〝子どものことばを繰り返してみる〟とか〝合いの手を入れてみる〟などということです。口頭詩を媒介として、そこへの働きかけを意識的にしていく中で、保育士の力量がいかに高まっていくかの追求をしてほしいんです。たとえば、体育のマット運動のときに『思い切ってまわって！』と言うと、ドスンと音を立てておしりから落ちたりするんです。でも、『つま先を伸ばして』とか『団子さんになって回る』と声をかけるだけで、子どもの前回りが変化するんです。それだけ、教師や保育士のことばかけというのは大事なんですよ」。

このあとの研究会で出てきたことを、箇条書き的に整理してみると、次のようになります。

❶「しっかり」「がんばれ！」ということばを使わないで、どういうことばをかけると実践が豊かになるのかを考える。
❷どういうことばかけをしたら、がんばったり集中したりするのかを考える。
❸心構え的なことではなくて、子どもに集中させたかったら方法をきちんと伝えることが大切。
❹ことばを拾うことや「こんなことが言えるようになった」で終わっている。もう一歩進めて、そこに保育士がどのように関わるのかを考えていく。
❺笑いあえるような子どもとの会話が大事。
❻「子どもの話を聴くとはどういうことか」がわからないと、子どもの声は聴こえてこない。
❼子どものことばを意味づけたり、どういう方向につなげていくかを知るだけでも、保育の内容が変化するはずである。

2　コミュニケーションを楽しむ、ひろげる、深める働きかけ

■みんなで風を食べてみよう

（二歳児クラス）

まな（三歳七ヵ月）　れいな（三歳八ヵ月）　こうき（二歳九ヵ月）

【まなちゃんの連絡帳より】


このところ毎朝保育園へ向かう自転車のうしろで、

「まぁーちゃん、寒くなーい？」と聞くと、

「わたし、いま、風を食べているのー!!」と言います。

「何味？」と聞くと、

「今日は…う〜ん…レモン味」

と言いました。たしか昨日はイチゴ味だったような……。いったい何で味が決まるのかしら？

ちょっと不思議!!　まなとの会話は楽しいです。

【子どもとやったこと】

連絡帳を読んで、思わず笑みがこぼれました。さっそくまなちゃんに「今日も風を食べてきたの？」と聞くと、「エッ!? 何で知っているの？」といった表情に……。でもすぐに笑顔になり、「うん」と答えました。

保育士「今日は何味だったの？」
まな「う〜んと……ストロベリー味」
保育士「いいなぁ。先生も食べられるかなぁ」
まな「うん、食べられるよ!! 大きな口をあけると食べられるよ」
保育士「それじゃあ、今度やってみるね！」
まな「うん!!」

他の子たちは、どんな反応をするのかな？ と思い、他の子たちにも聞いてみる。

保育士「ねえ！ まなちゃんが、今日自転車に乗って保育園に来るときに風を食べてきたんだって!!」
れいな「エ〜ッ!! だから早く病院に行かなきゃダメなんだよ」
（笑い）どうやら、風と風邪の勘違いのようです。
保育士「風邪をひいたんじゃなくて、風をパクパク食べたんだって」
まな「そう!! こうやって！」

と大きな口を開け、食べる真似をして説明する。

れいな「ふ〜ん…そう…」
こうき「こうちゃんも食べたよ」
保育士「何味だった？」
こうき「う〜んとねー。…カレー味!!」
保育士「わぁ!!　おいしそう!!　先生もまだ食べたことないから、今度自転車に乗って食べてみるんだ。れいなちゃんも食べてみる？」
れいな「うん」

この実践ですてきなのは、子どもの感覚を体で受け止めていることだと思うのです。

ここで、ちょっと風が吹いている高台か何かに行って、「今日は、みんなで風を食べてみよう！」などといって、みんなが口をパクパクさせたら最高におもしろいと思うのです。そして、「何味だった？」と聞きながら、みんなでワイワイと言い合う。そうした感覚を共有していく場面を意図的に創り出していくことで、ことばと感覚がつながっていくのだと思うのです。

■不思議の国のアリス

前田さんが、こんなおもしろい口頭詩を紹介してくれました。

まさと「先生の家、どこにあるの？」
保育士「電車に乗って行くとあるんだよ」
まさと「どーやって行くの？」
保育士「あのね、電車に乗って行って、降りたら前の道をまっすぐ行って、右に曲がって信号渡って、左の坂道を登っていったところだよ」
まい　「あー、知ってる、知ってる。赤い屋根のうちだよね」
まさと「オレも知ってる。白いカベのうちだよね」
保育士「へぇ〜、いつ来たの？」
あかね「あたしも行ったよ。先生いるとき。だって、せんたくものほしてあったよ」
まい　「そうそう、おふとんだってほしてあったよ」
保育士「え〜、みんな来てたんだ」
まさと「うん、そうだよなぁ！」
みんな「うん！」

【コメント】保育士と子どもとの二人の会話に、子どもたちが次々と加わってきて、話がふくらんでいった。事実ではなくても、世界を共有して、楽しんでいる様子が感じられた。

この口頭詩を読み合っていく中で、なんともいえない温かい思いがひろがっていきました。子どもたちは、もちろん先生の家に行っているわけがありません。しかし、ことばをつむいでいくうちに、どんどんイメージがひろがっていって、あたかも経験したかのように語っていく子どもたち。いや、経験しているのだと思うのです、一人ひとりの心の中で。

私はかつて、「ユーモア詩」を小学生に指導していましたが、その中に〝うそ〟というか〝想像〟が入ってきてもいいのではないかと思っています。もともと、文学はイマジネーションの産物です。イメージをひろげ、想像の翼をひろげていく経験が、実は小学校における文字指導・文章指導につながっていくのだと思います。「伝えることが楽しい」「聞くことが楽しい」という子どもにしていき、表現する意欲をじっくりと育てていくことが大切なのだと思います。その意欲を背景にして子どもたちが文字を覚えるようにしていくことが大事なのです。

『不思議の国のアリス』（ルイス・キャロル作）という有名な物語がありますが、主人公のアリスは、夢みがちな少女です。穴に落ちて不思議な体験をしたアリスは、最後に兵隊たちにつかまりそうになり、そこで目が覚めます。そして、ほんとうの物語なのか夢物語なのかがわからない結末で終わっているのです。

まさに、子どもたちは、誰もが「不思議の国のアリス」なのだと思います。そのアリスたちとうまくつき合うためには、私たちも想像の翼を広げ、子どもたちの豊かなつくり話を楽しむぐらいの余裕が必要なのではないでしょうか。そして、メルヘンやファンタジーを楽しんだり、そうした会話をつむぎ出したりすることが大切なのではないでしょうか。

▒子どもの心が満たされるとは？

若林さんが、二歳児クラス（一月）のおやつの時間の様子を紹介してくれました。

○なつみ（三歳九ヵ月）　○ゆうこ（三歳二ヵ月）　○かな（二歳一一ヵ月）　□あきら（三歳九ヵ月）　□ゆういち（三歳五ヵ月）　□しょうご（三歳一ヵ月）　○…女児　□…男児

◇おやつに時間における六人の会話（次の図のように座っていました）

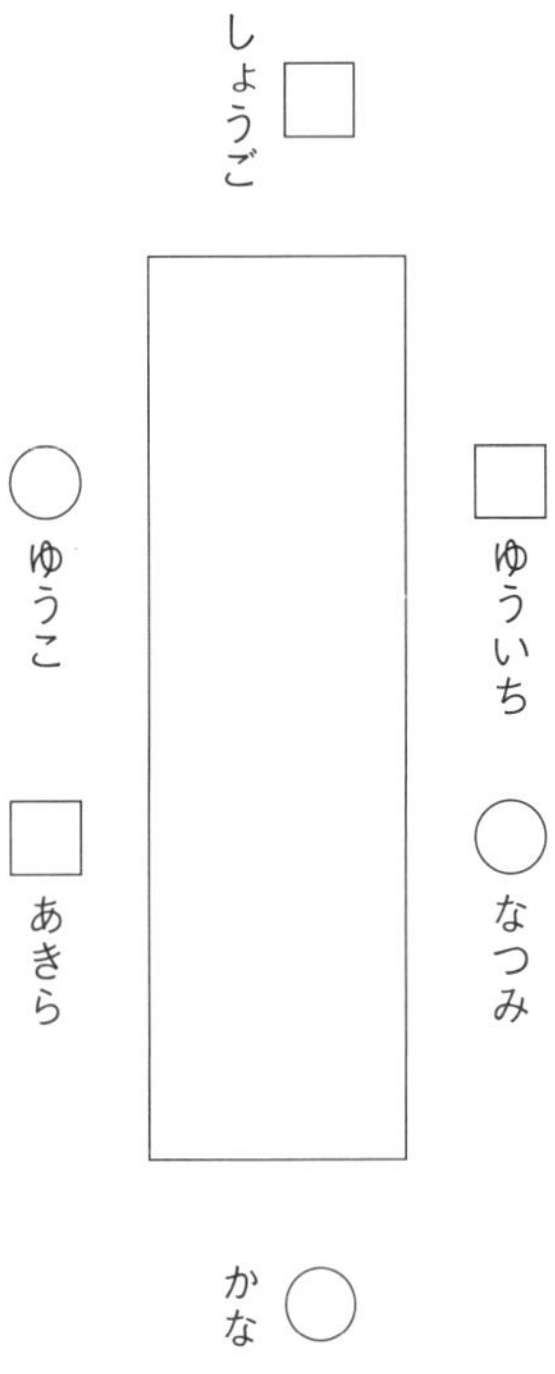

◇会話

ゆうこ　「ゆうちゃんね、お誕生日してね、プキュア（玩具の名前）もらったの！」
保育士　「そっかぁ、もらったんだ。そういえば、ゆうこちゃんの連絡帳にママ書いてあったね」
ゆうこ　うれしそうにニヤリ。（ゆうこちゃんと保育士）
あきら　「えっ！　何もらったって？」
ゆうこ　「だーかーらー、プキュア！」
あきら　「えっ？」
ゆうこ　「ゆうちゃん家、いっしょに帰る？」（見せてあげるという意味）
あきら　「えっ！？」
あきら　他の子にも同様に声をかける。
しょうご　「……」
ゆういち　「……ぼく、行かない」
かな　「ママがいいって言ったらね」
なつみ　「ママがいいって言わないと行けないんだよ」
ゆうこ　「……」

若林さんは、おやつの時間の座っている席の図を入れてくるなど、とても意欲的なレポートを書いてくれました。この記録について若林さんは、「ゆうこは、自分から周りに声をかけることは少なく、『ダメー！』などの否定的なことばが多い。冒頭のうれしそうなゆうこのことばに、ことばのやりとりがあまりないゆうこに対してどう共感してあげられるか考え、『大好きなママも言ってたよ』ということばで返してみた。もう少し話をひろげようとした矢先、あきらの登場をきっかけにテーブルの子全員とのやりとりが始まる。記録したものを読み返すことで、それぞれのコミュニケーション能力（ことばによる）、ゆうことの関係の距離（ゆうこはあまりしゃべらない）を感じることができた。さらに、子どもは気持ちが満たされると、自分を取り巻く環境にも安心して関わりを見せるのだということを実感した一コマだった」と書いています。

このレポートについての説明を受けたあと、みんなで感想を出し合いました。その後、「子どもの心が満たされるとは、どういうときだろうか？　自分の保育経験から発言してみてほしい」と提起しました。すると、

「保育士が一緒に喜んでくれたときかな～」

「保育士が自分の気持ちをわかってくれたと感じたときかな～」

などと出てきました。そうした話し合いを経て、私は「子どもの心が満たされるときとは？」ということについて、次のような七つにまとめました。

❶保育士が、自分の思いを引き受けたりひろげたりしてくれたとき

❷言わなくても、周りの人が自分の思いをわかってくれたとき
❸自分が会話の中心になったとき
❹自分のことばに対して、保育士や友だちが反応してくれたとき
❺自分にとって「イヤだ」と思うことを「イヤ」と言えたとき
❻自分の描く想像（イマジネーション）の世界を共有してくれたとき
❼保育園と家庭とが、同じ価値観を共有したとき（同じようにほめられたとき）

その後、私は、「保育実践の記録は、整理し、理論化しなくては意味がないのです。そのことを理解することが、保育を深いものにしていくと同時に、保育を再創造させていく力になるのです」という話をしました。つまり、「ことばの意味をもっと深くとらえ直し、『子どもの心が満たされるとは、どんなときだろう？』と考え、いろいろ出してみる。そして、『保育士が、自分の思いを引き受けたりひろげたりしてくれたとき』というのが出てきたとすると、それは他にどのような実践があるだろうか？」と考えてみるということなのです。そうして整理し、理論化し、次の保育実践を創造していく。その創造した保育実践をもう一度突き放して、整理・理論化をしていくという連続的な営みとしていくことが、保育実践を深めるのには大切なことだと思うのです。

■子どもたちが物語をつむぎ出していくための働きかけ

同じ日に鈴木さんは、次のような口頭詩を紹介してくれました。

◇排水口のかたつむり

（五歳児クラス）

ひろのぶ（五歳十一ヵ月）　ゆりこ（五歳十一ヵ月）　ゆう（五歳六ヵ月）

（ひろのぶが見つけたかたつむりを、排水口に落としてしまったゆうに対して）

ひろのぶ（泣きながら）「かたつむりさん、かわいそう！　ちゃんとあやまりなさいよ！」

ゆう（ひろのぶに向かって）「ごめんなさい！」

ひろのぶ「ちゃんと、かたつむりさんにもあやまりなさいよ」

ゆう（排水口に向かって）「ごめんなさい」

（みんなで排水口に手をつっ込み、砂をかき出すが見つけることができない）

ひろのぶ「どうしよう。そうだ！　てんとう虫さんにたすけてもらおう」

ゆう「てんとう虫じゃ、たすけられないよ」

ひろのぶ「てんとう虫さん。ブ～ンって飛んできて、この中に入ってたすけてください。てんとう虫さ～ん！」

（保育士も一緒に叫ぶと、周りの子も「てんとう虫さ〜ん！」と呼ぶ）

（翌日になって）

保育士「あのかたつむり、どうしたのかな？」

ゆりこ「たぶん、みんながいないあいだにどこかへ行ったと思う」

保育士「どこかって、どこ？」

ゆりこ「ママをさがして、家に帰ったんじゃない？」

ひろのぶ「エッ！？　ほんとう!?　またさがしたい!!」

私は、この口頭詩に対して、次のようなコメントをしました。

「この口頭詩の取り組みでいいのは、どこでしょうか？　子どもがかたつむりを排水口に流してしまったけど、その話をそのまま続けていっても、会話は発展していかないと思います。なぜなら、そこで話が完結しているからです。一日たってあらためて投げかけたことによって、別の物語が創り出されているのです。つじつまが合うように物語を創れるのが五歳児だと思うのです。悲しくない物語を創れるのです。ファンタジーではない『続きの物語』を創れるのが、五歳から六歳です。そうした力をつけていくことも大切なことだと思います。つなげ・つむぎ・ひろげていく。そうした作業も、保育士としての大切な作業です」と。

保育の中で、ぜひとも「続きの物語」を創造していくという作業を意識して取り組んでみてほしいと思います。きっと子どもの創造力に驚くと同時に、ことばが非常に豊かになっていくのを感じることができるはずです。

■「キーワード」が会話をひろげる

九月。夕方、ゴダイゴの曲「ガンダーラ」をクラスでかけて聞きながら子どもたちは歌っていた。年長児五人。

♪〜ガンダーラ、ガンダーラ、愛の国、ガンダーラ〜♪

保育士　「愛の国ってどこにあるんだろう」
ようた　「インド」
きょうこ「イギリスじゃないの」
ちあき　「心の中にある」
保育士　「どんな国なの？」
たいし　「やさしい国」
ようた　「鉄砲がない国」
ほなみ　「子どもがけんかをしない国」

保育士　「へえ〜いい国だね、先生も行ってみたいな〜」
ようた　「子どもがけんかしないけど、犯人もいないんだよ。だからおまわりさんもいないんだ」
（その会話を迎えに来た、たいしの母が聞いていて入ってきた）
母　「そうかー、悪いことする人がいないからおまわりさんもいないんだ〜」
たいし　「そう！　パトカーもないし、救急車もないんだよ」
保育士　「救急車がないと困るかも、病気になったら？」
ようた　「病気にならないように自分で気をつける！」
保育士　「それが大事だね」

【考察】複数の子どもと会話をしていて思うのは、大人には、子どもと子どもの話をつなぐ「トス」の役割がある。この日は夕方で、迎えの時間でもあり会話を聞いていたたいしの母も「トス」を上げたことで、さらに繋がった。母はこの後「歌詞の意味を知りたくなった」と話していた。子どもが好きなことに母も関心を示してくれたことは良かった。「愛の国」からイメージし、子ども自身がそれを「ことば」にして話す、また、友だちの「ことば」を聞く。そうした営みによって、ようたの心の中に、どんどん〝理想の国〟が膨らんでいくのを感じられた。

ここでおもしろいのは、パトカーと救急車が並列で扱われていることです。それはいったいなぜなのでしょうか。その二つを結ぶことばがあります。「悪いこと」というお母さんのことばです。パトカーも救急車も、悪いときに登場します。だからこそ、「悪いこと」というキーワードから「パトカー」と「救急車」の二つが出てきたのです。つまり、キーワードをもとにして連想ゲームのように次のことばがつむがれていっているのです。

子どもたちの会話は、何の気なしに進んでいるように思っているかもしれませんが、実は会話の中にある「キーワード」をもとにしながらイメージをひろげ、会話をひろげていっているのです。子どもたちの会話をじっくりと聞いてみてください。何かしらの「キーワード」をもとにして会話がひろがっていっていることに気が付くはずです。

そうだとするなら、子どもたちの会話を聴きとりながら、「キーワードがどのようなもので、どのような働きをしているのか？」を考えていくことが大切なのだと思うのです。そして、その「キーワード」が会話の中で上手く機能したときに、会話はとてもはずんでいきますし、コミュニケーション能力が育っていくのです。

豊かなことばを引き出す「しかけ」

◇きょうりゅう発見

けんご（男・四歳九ヵ月）

（五月。きょうりゅう発見！　に大騒ぎの四人。四人は、「きょうりゅうにワナをかける」となわとびにフープを結びつけ、それをしかけています。その中の一人がけんご）

けんご「前にうちにきょうりゅうが来たときは、お湯かけたよ」

みんな「へえー」

保育士「きょうりゅう、なんて言ってた？」

けんご「『ぬれたー！』って言った」

みんな（ワッハッハーと笑う）

けんご「前にうちにきょうりゅうが来たときは、牛乳かけたよ」

みんな「へえー」

保育士「きょうりゅう、なんて言ってた？」

けんご「『冷たーい！』って言ってた」

みんな（ワッハッハーと笑う）

【考察】〝自分の言ったことでみんなが楽しそうに笑っている〟という経験……。心地よい雰囲気。一体感の空気が流れていてうれしかった。ことばを引き出すことを意識して聞いてみたことで、つなげていくことができた。

この報告に対して、私は次のようなコメントをしました。

❶保育士の「恐竜、なんて言ってた？」の声がけがいい。それがみんなの笑いを作り出すきっかけになっている。

❷ファンタジーをひろげていっていることと、実世界の区別がついていないのがおもしろい。

❸恐竜発見の世界に入って、そのあと「へえー」の会話が入ることで全体の話につながりが生まれている。

❹幼い子ほど、うんと会話させることがことばの発達につながり、感性を育てることにもつながる。

❺笑いは、人をつなげるし、ウキウキした経験にもなる。そうした経験を、たくさんさせることが現代の子どもにとって大事なことなのではないか。

❻この中に、自分と生活とのつながりが見られることばがある。それは、「前にうちにきょうりゅうが来たときは、お湯かけたよ」「前にうちにきょうりゅうが来たときは、牛乳かけたよ」のことば。

❼周りの子が笑ったら、子どもたちにどんなことばをかけたらよかったのだろうか？　そのことばかけによって、子どもの会話がうんと楽しい遊びにもなる。

❽現実とファンタジーのはざまで、大人も一緒にその中で遊ぶことが大切。

子どもの成長には、豊かな会話が必要です。でも、その豊かな会話を創り出すためには、しかけをしていくことが必要なのです。会話には、そこで終わるか、その先につながるかの分かれ目となるポイントがあります。つまり、会話には〝会話の波〟とでも呼ぶべきものがあるのです。その波には山と谷があって、会話が谷になるときに別のことばが入ると、再び山に向かうことができるのです。この場合は、「恐竜、なんて言ってた?」ということばになると思います。同じことばしか言っていないのですが、それが見事に会話の谷の部分に入っています。だから、子どもたちの会話が続くと同時に、みんなが笑いあう関係が創れているのです。

そうした笑いあう関係を創ったあとに、最後に「みんなだったら、何をかける?」とことばをかけたらどうだったでしょうか?　きっと、次々に色々なことをしゃべってくれたはずです。そうした楽しい経験をさせ、それを家庭に持って帰らせることが必要です。子どもが、保育園でワクワクするような会話をする。その会話を子どもが家に持って帰る。そして、その会話を通して、保育園と家庭とがつながっていったら最高だと思うのです。しかも、保育士と子どもと親の三者が、ファンタジーの世界を共有して遊ぶことができるのです。つまり、現実とファンタジーのはざまで、大人も一緒に遊ぶことが大切なのです。

今の親自身が、バラバラにされてきた世代なので、他者が競争相手になってしまっています。だからこそ、競争ではない形で親・子ども・保育士がつながっていくことが大切だと思うのです。

3　ごっこ遊びを発展させることばかけ

私の大好きな漫画で、『夕焼けの詩――三丁目の夕日』（西岸良平作）というのがあります。その漫画の〝風車〟という話の中に、一平、サブちゃん、ユウちゃんの三人が遊ぶ場面が出てきます。ジャングルジムを宇宙船に、ミカン箱をかぶったサブちゃんをロボットに見たて、銀玉鉄砲で撃ち合うというものです。

私は子どもたちの中に、こうしたごっこ遊びが少なくなっていることが残念でなりません。それこそが、〝子ども心〟を育て、情緒を大いに育てると思うからです。

私は小さい頃スーパーマンが大好きで、本気で「飛べると思えば飛べるかも……」などと思い込み、すべり台の一番上から飛んだことがありました。もちろんそのまま落ちて、足をくじいてしまったのは言うまでもありません。

しかし、そうしたことを繰り返していく中で「心を遊ばせることのおもしろさ」を知り、同時に現実というものをはっきりと認識していったのだと思うのです。〝ごっこ遊び〟の中で、子どもはいやでも現実を認識していくのです。

後藤さんは、一歳児クラスを担当していますが、「魔法のじゅうたん」というレポートを報告してくれました。それは、次のようなものでした。

■「魔法のじゅうたん」

（一歳児）

保育室の中にはマットやシートを敷いた、憩いの空間がいくつかある。子どもたちは毎日そこで横になったり、ままごとを始めたりブロックをしたり、好きなように遊んでいる。

その日もいつものように、三、四人の子がマットの上でBブロックを組み合わせたり絵本をパラパラとめくってみたりしていた。〝ゆったり〟というよりは何となく〝まったり〟とした少し退屈な空気も流れていた。

保育士「上にまいりま～す！　お乗りになる方はお早目にお願いします」

と言いながら立ち、右手を上にあげ一歩前に出て、エレベーターのお姉さんのまねをする。ぱっと子どもの顔が輝き、乗り込むような感じで立ち上がり「何が始まるの？」「次はどうなるの？」といった、なんだかワクワクしているような表情でこちらを見る。（以下、保育士は「私」と記入）

私「本日はご来店いただきまして、まことにありがとうございます。お客様、何階になさいますか？　二階は美味しいジュースコーナー、三階はママの化粧品、四階はパパのビールとなっております。何階にいたしましょうか？」

と、本物のエレベーターのお姉さんのように優しくにこやかに笑い、子どもたちの顔を見ながらていねいに聞いてみる。（子どもたちの表情は何だか華やいだ感じで、にこやか）

さとし（二歳二ヵ月）「さとしくんは一階！　一階に行くの！」

と右手を挙げ、にっこり笑いながら声を上げる。

まみ（二歳三ヵ月）「まみちゃんはぶどうジュース！」

ひろし（二歳四ヵ月）「行く！　行く！」

とはしゃいだ声を出す。

ともや（一歳一〇ヵ月）は、まだことばが不明瞭なので聞きとれないが〝うん、うん〟とうなずきニコニコして立っている。他で遊んでいたななこ（二歳三ヵ月）は「ななちゃんも！」と大急ぎで走って来てマットに立つ。

私「それでは一階に参ります」

（「二階」と言いたかったが、子どものリクエストの「一階」にする）

うやうやしく一礼しながらエレベーターのボタンを押すまねをする。

私「あそこに見えますのが（室内装飾のペンギンを指差して）当デパート自慢の〝ペンギンハウス〟でございます。あっ！　お魚釣りしてますね！　ペンギンさ〜ん！　元気ですか?」

と手を振る。

ななこ「ペンギンさーん！」

とペンギン装飾を見ながら、声を出して同じように手を振る。すると他の子も次々に「ペンギンさーん！」「バイバーイ！」とペンギンを見ながら手を振ったりして、エレベーターが上に上がるような臨場感があり、何だかいい感じ。

私「お待たせいたしました！　一階、ジュースコーナーでございます」

と言ってすぐに、子どもの前に片足立膝になり、両手の平をくっつけてから、ぱっと左右に動かしてドアが開くまねをする。

私「ドアが開きました。お気をつけてお降りください。お客様、こちらがジュースコーナーでございます」

とままごとコーナーのほうに右手を伸ばして手招きする。ままごとコーナーにはいつもの見慣れた玩具やテーブル、ソファーがある。

子ども「わーっ！」と声をあげながら、〝開いたドアから出る雰囲気〟で、マットの上からぱっと飛び出して、ままごとコーナーへと（わずか一メートルほどの距離）走って行く。そして大急ぎで、布のある場所から手提げ袋やリュックなどを手に取り、「まみちゃんはこれ！」「ななちゃんはこれ！」と競い合うように、何やら食べ物やいろんな物をぎゅうぎゅうに詰め込み始めるまみとななこ（いつもは玩具の取り合いになるのだが、今日はそれもなく、同じ物を手に取ってもどちらかがすぐに手を離し、大急ぎで他の物を取って遊びを続けていた）。何となくウィンドーショッピングをするような感じで、にこやかに辺りを見回すさとし。ひろしとともやはうれしそうに手をたたいたり、玩具を触ったり手に取ったり、まるで外出したときのように、はしゃいだ雰囲気で楽しそうにしている。

私「こちらにはバイキングもございますので、お好きなようにお召し上がりください。フリードリンク・フリーフーズとなっております！」

と（難しいことばなので分からないだろうと思ったが、デパートの雰囲気を出したくて、リップサービスのつもりで）ペラペラと言ってみる。するとミニテーブルのところに行ってミニ椅子に座り、ままごとのハンバーグを口に持っていき、食べるまねを始めたさとし、色水の入ったミニペットボトルを口に当てて、飲む真似をしているまみとななこ。なんだかレストランのような感じになり、和やかな雰囲気。（「意味、分かったの!?」と私はびっくり！）少し様子を見ていると、子どもたちは「発車はいつかしら?」という感じでしきりにこちらをチラチラと見ていたので……

さっとマットの上に乗る。

私「それでは上に参ります。ご利用の方はお早めにお願いします」と右手をあげながら一歩前に出て、子どもたちに声をかける。子どもたちは〝早く乗らなくっちゃ！〟というような焦った感じで、手提げ袋やジュースなど自分たちの荷物を持ちながら、またマットの上に乗り込む雰囲気で立つ。

私「毎度、ありがとうございます。本日は……」

とまた、エレベーターのお姉さんのまねをして館内案内をする。

「もう一回！」という子どもたちの声に応えて、何回もエレベーターごっこやデパートの買い物ごっこをして遊んだ。途中からは慣れてきたようで、ななこが「パパのビール！」の階をリクエストしたり、ずっと「一階！」とうれしそうにリクエストし続けるさとしもいた。「まみちゃんはアイス買う！」との声が出てきたりして一段と盛り上がる。しかし、他で遊んでいた子どもがバラバラっとやってきたりすると、初めのような雰囲気が薄くなってきた。時計を見ると、昼食の時間も迫っていた。

私「キンコ～ン、カンコ～ン……」（館内放送のまね。「蛍の光～♪」を歌う）

「皆様、毎度ありがとうございました。本日は六時で閉店となります。またのお越しをお待ちしております」

一礼して「お～しまい！」と言って終りにする。意外にも子どもたちは「もっと！」とか「ヤダ！」などの声もなく、ぐずったりもせず「お片付けよ」とうながされると、スムーズに片付け始めて排泄・昼食となる。

この実践について、みんなで話し合ったあと、私と担任の後藤さんとが一問一答形式で話を進めていきました。その様子は、次のようなものでした。

増田「この一歳児クラスは何人ですか？　また、参加していたのは、クラスの何人くらいですか？」

担任「クラス構成は男児八人、女児四人計一二人。その遊びに参加していたのは七、八人。とくにのってやっていたのは二人の女児です」

増田「この地域は緑の少ない都会に近い場所にある園では？」

担任「そうです」

増田「どちらかと言うと、このクラスの子どもたちは、荒いことばづかいをしているのでは？」

担任「そうです」

他のメンバー「なぜ、増田先生はこの子どもたちが荒いことば……など、この文章からその雰囲気が分かったのですか？」

増田「まず男女数の比。男の子が多いクラスはどうしても戦いごっこが多くなったり、荒れた雰囲気になりがちなのです。そして遊びの中での女児のことば〝まみちゃんはぶどうジュース！〟と短く言い切っているところなどからも、そうした強さや荒さが伝わってくるからです。このクラスの子どもたちは、エレベーターに乗ったりデパートに行き慣れているのでは？」

担任「多分そうです」

増田「この子どもたちにとって〝エレベーターやデパート〟は違和感なく、共通体験としての素地（コア）があるのでしょうね。これがたとえば、緑の多い、自然に溢れた地域での子どもたちの遊びは、当然違ってくるはずです。

子どもたちの生活体験がバラバラだったら、こうした〝ごっこ遊び〟はスムーズに展開していかないと思います。共通の生活体験が、その遊びの素地にあるとき、〝ごっこ遊び〟はスムーズに流れていくんです。つまり、保育は子どもの実態（住んでいる地域や遊び環境など）に合わせて展開していくという点を押さえていくことが大切なのです」

こうした話し合いの中で、

「そういえば、私の保育園は港区にありますが、そこでの〝ごっこ遊び〟の事例として、お金でなく、〝クレジットカード〟での買い物ごっこになったのにはびっくりしました。『今日のお買い物はクレジットカードですか？』『ゴールドカードですね。限度額はおいくらになりますか？』と言ったんです」

とのメンバーからの体験が語られました。

その後、この実践をひろげていく工夫や実践の総括が次の六点にまとめられました。

❶〝マット〟（シート）の形を変えることで生まれるものは何か？　マットの形を変えることで、イメージゲームができる（たとえば、四角のマットと三角を組み合わせて〝ロケット〟等）。すると、その四角のマットが別の遊びに変化していく。

❷ジョイントマットや〝ロープ〟（補助的な道具）の効果→子どもたちの立っている下にある物だから、そのイメージを組み替えていく力になる。

❸保育の中でできることとは、子どもたちが自由に〝イマジネーション〟を組み替えながら、遊びが展開していけるような環境を用意していくこと。

❹保育士や教師の力は微々たるもの。子どもたちの関係性の中から子どもたちのことばを引き上げ、ことばが発達していくような〝しかけ〟をしていくことが大切。

❺どんなふうにして個々のことばを引き上げていくのか？　この遊びに参加している女児二名の場合は？　この例をとると、この女児たちが持っていることばや知恵、その賢さを保育士はうまく使っている。この場にいる男児は、遊びのイメージに入りきれず、乗っているよう

で乗っていない。だからこそ日頃から、女児のことばを通して男児のことばを引き上げていく取り組みが大切。

❻なぜ、この〝ごっこ遊び〟は、すっきりと終了できたのかというと、保育士が〝キンコーン〟という鐘の音を言ってみたり〝蛍の光〟を歌うことにより、子どもの今までの興奮やテンションが、いい感じに下がっていった。保育士は子どものテンションを上げるような活動をしながら「もう、終わりね!」「もう、いい加減にしなさい!」といった、大人の都合で日々の保育を始めたり、または切り上げたりはしていないだろうか? 「どこで〝切るか?（終わりにするか?）」じっくりと見極めて対応していくことが大切だし、徐々にテンションを下げていく工夫をしていくことが必要だと思う。

■電話ごっこ

土曜日の夕方、五歳児二名と一歳児三名で遊んでいるときに、乳児用の電話機を耳に当てて、電話ごっこが始まる（主に五歳児二名と保育士で）。

まずは、五歳児のりょうくんとの会話。

りょう「先生、電話ごっこしよう」

（受話器を耳に当てながら話し始める）

保育士「いいよ」
りょう「もしもし、りょうちゃん。今どこ？　何してんの？」
保育士「今、家にいるんだ。ゲームしてるの。じゃ〜ね〜！」と切る真似。
りょう「プルル〜♪、もしもし、りょうちゃん」
保育士「先生、今、何してんの？」
りょう「これからお友だちが来るから、お料理してるの。りょうくんも来る？」
「う〜ん！　今日はやめとく！　じゃーねー！」
この会話をうらやましそうに聞いていた五歳児のまみちゃんも仲間に入る。
まみ「もしもし、先生？」
保育士「あ、まみちゃん！　元気？」
まみ「うん、元気！　じゃーねー」とすぐ切る。
（呼び鈴の真似をしてから）
りょう「まみちゃん？　あのサ、先生もさそってさ〜、みんなで海に行こうよ」
「りょうちゃん、運転していくからサー」
保育士「プルル〜♪　先生、まみちゃんと海行くんだけど、行かない？」
「え〜！　いいねぇ！　電車？　バス？　何でいく？」
りょう「オレ、運転していくから」

保育士「車、もっているの？　すごいな～！」
まみ　「まみも行くんだ～！」
りょう「じゃ～サ、待ち合わせしようよ」
保育士「どこにする？」
りょう「あの横断歩道のとこに、信号あるでしょ。あそこで待っててね！」
保育士「あー、あの角の？」
りょう「そー、そこで待ってて。むかえに行くから」
保育士「わかった！　じゃ～ねー！」
まみ　「プル～♪　あっ、先生？　まみだけど……。水着持ってくでしょ？」
保育士「え～、水着～!?　昔のしかないな～」
まみ　「じゃ～さ、まみが貸してあげるよ。二つ持ってるからサ」
保育士「貸してくれるの？」
まみ　「いいよ。ピンクと黄色、どっちがいい？」
保育士「じゃあ～……、ピンクがいいな！」
まみ　「じゃあ、持ってくるから。またね」
りょう「プル～♪　先生、今どこ？」
保育士「今、横断歩道のところで待ってるよ」

りょう「ちょっとサー、お仕事があってね。おくれるから、少し待ってて」
保育士「わかった。気をつけて来てね」
りょう「キーキー！」
（車を止める真似。椅子に座って運転の真似）
保育士「さあ、乗って！　食べ物はそこにあるから、てきとうに食べてね」
保育士「へぇ～、準備がいいんだね～！　まみちゃん、食べよっか？」
まみ「先生、水着、はい！」
（と手渡す真似）
保育士「りょうちゃん、やさしくて、車もってて、格好いいね！　恋人にしてほしいな～」
りょう「……いいよ」
保育士「えっ!?　いいの？」
まみ「結婚しちゃえば？」
りょう「それはまだ！」
保育士「そ～だよね。恋人で十分だよ。ありがとう」

【考察】自分も大人と話すように情感を込めて話してみた。すると、他のクラスの（五歳児とはあまり交流がない）子なのに、とてもノリノリで電話ごっこが続いた。その会話（ことばづかい）の大人っぽさに、びっくりさせられた。とても楽しいひとときだった。まるで友だちと話しているようだった。

ここで考える必要があるのは、「電話ごっこ」の持つ意味です。子どもたちは電話ごっこが大好きです。どうしてなのでしょうか。それは、自分の生活体験とつなげた「疑似体験」をひろげていくことができるからなのだと思います。子どもも大人も、自分の生活体験をもとに様々なことを考えます。また、判断も自分の生活体験に基づいてされることが多いのです。しかしながら、ふだんの生活の中で子どもたち自身が「自己決定する場面」がどのくらいあるのでしょうか。ほとんどないと言ってもいいのではないかと思います。「電話ごっこ」は疑似体験を通して、自分が物事を決める判断者になれるのです。「○○をしてみたい」と思ったときに、それが電話を通してなら、実現できるふうに自らの意志で決定できるのです。私はそこに、子どもたちが「電話ごっこ」を好む理由が存在しているような気がするのです。

ですから、後藤さんが「電話ごっこ」の中で子どもたちと話し合ってみて、「大人との会話のように感じた」のも当然なのです。そこには、大人なら当然できるであろう自己決定権が存在したからなのです。だからこそ、大人っぽい会話になっていったのです。

ここで、保育実践（教育実践）を考えるときに必要なポイントは、「子どものことばを保育のことばに変換する」ということなのです。具体的に言うと、「電話ごっこ」の中にたくさんの自己決定のことばが入っていることに気づき、それを「自己決定の場面」ととらえ、「そうした自己決定の場面を増やしていくことが保育の内容として大切である」と別の実践につなげていく作業をしていくということなのです。

そう考えると、この実践から考えられることは、子どもたちに「自己決定する場面をいかに用意するか」ということなのです。また、私は子どもが会話を心から楽しむ条件として、次の四つがあると思っています。

❶会話を通して、自己決定することが保障されている（この会話で言うと、「どこで待ち合わせるか」「何をするか」など）。
❷ファンタジーの世界が許され、その世界をひろげていく自由さや寛容さが用意されている。
❸保育士や大人が、子どもだからといって話の質を落とさないこと。
❹会話を心から大人の側が楽しむと同時に、主人公を子どもにし、大人の側が脇役に徹すること。

こんな四つのことを考えながら、「ごっこ遊び」をしてほしいと思うのです。

4　子どもたちが考えや概念を深めていくための働きかけ

▒子どものことばを待つ

次の口頭詩は、二歳（りょうすけ）と五歳（ひろふみ）の兄弟の会話です。

「お月様を取りたい」

三月。雨あがりの降園時、男三兄弟（四歳クラス、一歳クラス、０歳クラス）と母が、門を出て帰るところ。保育士も帰るため、門を出た。母は０歳クラスの末っ子を自転車に乗せていた。その間、二人はそれぞれの自分のカサを持って、上に向けている。

りょうすけ「エイ、エイ、エイ」（とカサを上に向けている）
保育士　「何しているの？」
りょうすけ「あれ」（と月を指さす）

保育士　　　「あれって何?」
ひろふみ　　「月をとりたいんだって。でもとどかないんだよ」
保育士　　　「そうなんだー。どうやったら、届くかなぁ〜」
ひろふみ　　「はしごでもむりだょ〜」
　　　　　　（その間も、エイ、エイとやっているりょうすけ）
保育士　　　「そうだねぇ〜。りょうちゃん、お月様取れたらどうするの?」
りょうすけ「みんなにわけてあげるの」
保育士　　　「わぁ〜、すてき。先生にも分けてくれるの?」
りょうすけ「ううん、あげない」
母　　　　　「今、〝みんな〟って言ったじゃない?」
保育士　　　「私は〝みんな〟の中にいないいんだよね」
ひろふみとりょうすけ「バイバイ」
保育士　　　「さようならー」

【考察】りょうすけと保育士はほとんど馴染みがない。〝みんな〟という表現の中身は、りょうすけにとっては家族であり、友だちであり、担任だと思う。「くれる?」「あげない」のやりとりがすごく納得でき、〝それでいいんだよ〟という気持ちになった。

兄は、月を取ろうとする弟を否定的に扱わず、〝無理なんだけど〟付き合ってあげているやさしさが伝わってきた。りょうすけが、「あれ」と指さしたとき、「月かな？」とは思ったが、最近はわかっていても返している。返すことでことばのひろがりと思わぬ（予想もつかないような）答えが返ってくることが楽しい。「あら、月を取ろうとしているの？」と言わずによかったと思った。

「子どもからのことばを待つこと」の意味がしっかりと根付いたことを感じさせてくれた報告なのではないでしょうか。

月を取ろうとして「エイ、エイ、エイ」とカサを突き出している子ども。その様子を見て、ゆったりと会話をしています。子どもの行為を尋ねるときには、この〝ゆったり感〟がとても大切なのです。子どものことばをゆったりと待つということで、子どもはたくさんのことをしゃべってくれるようになるのです。この〝待つ〟ということは、何もしないことではなく、子どもの思いがことばとして結実していく時間を保障するということなのです。決して無駄な時間なのではないのです。

▒抽象的なものを具体物を通して語らせる

井島さんが「子どもたちのつぶやき」という園通信を研究会に持ってきました。五歳児の子どもたちに♪お母さんっていい匂い♪の歌を歌った後に、「どんな匂いなのかを聞いてみた」という報告でした。

お父さんとお母さんを比べていてとても興味深い内容でした。子どもたちが、どのような匂いを感じとっているかもわかって、おもしろいです。

お母さん

・いいにおい
・お化粧のにおい
・香水のにおい
・お風呂のにおい
・タバコのにおい
・トイレから出たら臭い
・妹のにおい
・さわやかないいにおい

お父さん

・ビールのにおい

・さわやか（ミント）
・くつ下がくさい
・たばこのにおい
・仕事のあと、くつ下が臭い
・髪の毛がいいにおい
・酔っぱらいのにおい
・洋服が汗くさい

こうして並べてみると、お父さんとお母さんでは、お母さんのほうが圧倒的に「いいにおい」で、お父さんは比較的臭いと思われていることがわかります。同じ男としては、とても悲しいのですが、子どもたちがそう思っているのですから仕方がありません。このことに対して、私は次のようなコメントをしました。

「どんな匂いだと思うだけでなく、『お母さん以外にいいにおいのするものって、どんなもの？』とか『どんなときにいいにおいをかぎたいと思う？』などと聞いてみると、すごく子どもの世界がひろがっていくと思います。子どもというのは、けっこうにおいと生活の事実をつなげている部分があるように思います。

においというのはとても抽象的だから、ものを媒介にすると想像力が膨らむところがあるのです。そうすれば、『友だちとケンカしたときや、いやなことがあったときにお母さんの枕の匂いをかぐとすーっとする』などという経験が出てくるはずです。つまり、においという抽象的なことばを具体物を通して子どもたちの思いをもう一度思い直させていく中で、表現を深めていくことが大切なのです。具体と抽象を織り交ぜることを通して子どもの認識力を高めていくことが大事なんです」。

子どもの思考力を伸ばすには、やはりどのような働きかけをしていくかを抜きにしては語れないと思います。抽象的なものを具体物を媒介として、イメージをふくらませはっきりしたものにしていくことで、ことばというものがもっとはっきりした意味を持ったものとして子どもたちに理解されていくのです。こうした作業を抜きにして、たくさんのことばを覚えさせてもダメなのです。一つひとつのことばが持っている豊かなイメージとつなぎあわせながら、ことばを身につけさせていくことが豊かな言語能力を育てていくのです。

■問いかける内容の大事さ

保育園の五歳児の子どもたちが老人ホーム訪問に行ったときのようすが語られました。子どもたちが老人たちと交流したあと、

「みんなとどこが違った？」

と聞いてみたところ、次のようなことが出てきたそうです。

・手がかさかさ
・白髪
・歯がピカピカ
・声が低い
・顔がぼろぼろでかわいそう
・足がわるい
・めがねをかけていた
・歯がずれていた
・歯が抜けていた
・目が違った

その他には、

「会えてうれしくて泣いていた」

「かわいそうだった」

などの感想もあったそうです。

子どもたちに、

「どうしてあげたらいいかな?」

と聞いてみると、

「助けてあげる」

「大丈夫と声をかけてあげる」

「足を取り替えてあげる」

などの声があがったとのことでした。

保育園と老人ホームとの交流は、ここ最近よく行われているようです。また、「みんなとどこが違っていた?」という問いかけもよくされるのではないかと思います。私はここで、少し違った視点を提示する必要があるだろうと考えました。そこで、次のような話をしました。

「お年寄りはかわいそうで、世話をしてあげる存在というとらえ方は、少し悲しいように思います。自分自身も少しずつ老人に近づいていっているからこそ、かわいそうな存在と見られるのは、ちょっといやだなと思ってしまうのです。みんなとどこが違うかをとらえることは比較的簡単です。もう少しレベルを上げて、同じ点を考えさせることが大事なのではないでしょうか。私が小学校の総合的な学習で老人ホームを訪問したときに、『みんなとどこが同じだった?』と聞いたところ、『楽しそう・仲がいい・やさしかった・うれしそう』などの声が出て来ました。最近、歳をとることは惨めであり、だめなことだという風潮がひろがっています。だからこそ、何が同じだったのか、一緒のところは何かなどの視点で人間を深くとらえ直すことが大事だと思うのです。老人や車いすの人をかわいそうな存在としてとらえるのではなく、車いすがハンディを打ち消す便利な道具であるというとらえ方をさせることが大切です。そうしたとらえ方を通して、保育園が、人間に対する豊かな学びを保障する場所になるべきだと思うのです」。

「もし、『みんなとどこが同じだった？』と聞かれたとしたら、どうだったでしょうか。保育園の子どもたちが年寄り扱いしなかったことをうれしく思うと同時に、ケアされる存在からケアする存在になれたのではないでしょうか」と言うと、年配の保育士が深くうなずき、「そうですね。私も、そんなふうにとらえてほしいな」としみじみと語ってくれました。

ことばに深く気持を宿す

菊地さんが、子どものことばに対して担任が一緒に謝ったときの記録を持ってきてくれました。

◇子どもの「ごめんね」から考えること

年長組女児　かおり（六歳）　まほ（五歳）

五月。夕方、テラスでかおりとまほがふざけている声がした。外にいるアルバイトのKさん（女性）が二人をつかまえようと、手を伸ばしている。「デブ」と聞こえたので慌てて私（フリー）もテラスに出て二人をつかまえようとするとかおりが私を見て、

かおり「だって、まほちゃんだって言ったんだもん、デブって」

私「まほちゃんが言ったからって、言っていいの？」

（かおりとまほは二人で顔を見合わせてニヤッとしたので、かおりとまほは一緒にして話さないほうがいいと思い、まずはかおりを叱った。まほには離れて、そこにいるように伝えた。）

私「Kさんにそんなひどいこと言ったの？　Kさんは保育園のみんなのために手伝ってくれている人なのに、かおりちゃんにそんなこと言われて心が傷ついて……もう来てくれないくらい怒っていると思う」

かおり「やーだー」

（そこに担任が来たので状況を話した。）

担任「私、Kさんに謝って来ます。かおりがひどいこと言ってすいませんでした。かおりのクラスの担任の私が悪いですって……」

かおり「……」

担任「私は謝りに行くけどかおりちゃんはどうする？」

かおり「かおりも謝ってくる……」

私はまほへの関わりはそのままにして、外へ謝りに行った二人を遠くから見ていた。かおりは担任より早くKさんの前に行き、頭を下げつつ「ごめんなさい」と、謝っていた。Kさんはかおりの視線に合わせ「いいよ、もう言わないでね」と優しく言うと、かおりはホッとしたようにエーンエーンと泣いた。その横で担任も頭を下げて泣いているように見えた。

まほは廊下で一点を見てジーッとしていた。そろそろ部屋の中は他の子どもたちが集まって来ていたので、まほと私は二人でテラスに出た。かおりのときと同じように、大人だって嫌なことを言われたら心が傷つくんだ……と話すが、表情を変えることもなければ声も出さない。ジーッとしている。押してもダメなら……と担任の真似をし、「私、Kさんに謝るわ。まほが悪いこと言いました、すいませんって」と言う。しばらくすると、まほは、小さくうなずいた。やっと反応した。一緒にKさんの前に行くとまほはそれまで無言だったのに、泣きじゃくりながら「ごめんなさい」と言う。Kさんはかおりのときと同じように話しかけて接した。するとまほもホッとしたような泣きに変わり……。隣にいた私もつられて泣けてきた。

【考察】最近子どもたちの中の「ごめんね」が気になっていた。「ごめんね」「いいよ」の儀式のようなときもあれば、「ごめんねって言ってくれない」「ごめんねって言ってんのに許してくれない」など〝ごめんね〟……は、自分のしたことで相手が嫌な気分になりそれを許してもらうために言うことばだが、そのことばが頻繁に飛び交っている。でも、不思議に今までいがみ合っていたのに、この一言でうそのようにわだかまりがスーッと消えてしまうこともある。「ごめんね」をお互いに言い合ったときには晴れやかな気分になって、今まで以上に仲良くなったりする。それが〝分かり合えた〟というしるしかもしれない。大人の世界ではありえない、そこが子ども同士のすてきなところだと思う。現場では、言わせるのではなく、そういう気持ちに持っていく、気づかせるように心がけてはいるがなかなか難しい。毎日、いろんな〝ごめんね〟がある中、このアルバイトのKさんに謝った二人は、心からのごめんなさい、だったと思う。

担任はかおりを叱るのではなく、かおりの担任としてどう感じたかを話した。「自分が悪い」ということばにかおりはハッとし、「いや、言ったのは私！　私が謝らなくては……」と、担任より早くKさんの元へ駆け寄っていた。そして自分のことばで謝っていた。

それが保育士にも伝わり、また許してもらえた安心感からの涙も、保育士に移ったのかな、と思った。

まほについては、なかなか素直になれずことばにできなかったが、謝りたい気持ちはあり、ただきっかけがつかめず、待っていたかもしれない。

この日、自分一人でかおりとまほを叱っていたら多分、最後はたたみ掛けるように言い二人を謝らせていたと思うが、担任とのパスで気持ちにも余裕があったから、伝わる「ごめんね」に持っていくことができたと思う。子どもへの気づかせ方により子どもの反応は大きく違ってくると感じ、反省した日だった。後で、担任と、「子どもの『ごめんね』に泣けてしまうのはどうしてか？」と話した。自分で叱ったのにね！　上手く分析はできないが保育している中で、子どもに心が揺さぶられる「ごめんね」がたしかにあると思った。

この考察は、見事だと思います。年長組の子どもたちは、トラブルをよく起こすのですが、よく「ごめんなさい」と謝るのです。ケンカしてあやまっての繰り返しの中で、いつの間にか「ごめんね」ということばが頭の上を素通りしていくようになってしまうことがよくあります。

今回は、かおりちゃんもまほちゃんも謝ることを拒否しています。たぶんそれほど「悪いことを言った」とは思っていなかったのでしょう。そこに、担任が謝るという予想もしなかった行為を目にして、ふだん友だち同士で言い合っている「ごめんね」よりもっと重い「ごめんね」が存在することに初めて気がついたのではないでしょうか。だから、子どもの「ごめんね」ということばも自然と重いものになったのだろうと思うのです。

子どもの心からのことばは、どんなものであれ、周りの大人の心を揺り動かさざるをえません。こうしたことばの積み重ねが、実は情動を育てていくのだと思います。

▒子どもに決定権を与える

菊地さんが持ってきてくれた「うなぎ」をめぐっての子どもたちの記録には、こんなドラマがありました。

◇「うなぎ」を見ながら……

八月。栄養士がうなぎを保育園に持って来てくれた。次の日の早番での会話……。

（タライに入っているうなぎを三人の年長組男児が囲んでいる）

ようた　「うなぎって海の神様なんだよ、日本じゃなくてどっかの国の」

りゅうじ「でも、図鑑にそんなこと書いてなかったよ」

たいし　「神様って天にいるんじゃないの？」

りゅうじ「神様だったらくじらだよ、大きいから」

ようた　「でもパパが言ってたよ」

（間があった）

ようた　「このうなぎ食べられるのかな？」

たいし　「毒があるかもしれないよ」

りゅうじ「このうなぎ、食べなかったら責任とって育てなきゃね」

保育士　「餌は何を食べるの？」

子ども　「ないよ」「ない」と口々に言う。

たいし　「明日死んだらどうする？」

（登園し、この会話を聞いていたたくやが入って来た。）
たくや「メダカの餌がある！」
保育士「うなぎにメダカの餌でいいの？」
りゅうじ「うなぎの餌はメダカなのね、だからメダカの餌をあげればいいんだよ」
（たくやが自分のクラスから餌を持ってきてあげた）
たいし「食べた！　これ、空組で飼いたい」
りゅうじ「先生、飼っていい？」
保育士「先生、決められないな～」
おもむろに、たいしはそこで一緒に見ていた自分の妹（三歳クラス）に向かって、「ジャンケンポン」と勝負し、勝った。次に四歳クラスの子に向かい、また「ジャンケンポン」としかけて、勝ち……。
たいし「やったー！　空組で飼うー！」
（年長の他三人大喜び。三、四歳児クラスの二人はポカーンとしていた）

【考察】一匹しかいない「うなぎ」を自分たちのクラスにほしい！　そう思い、保育士に了解を得ようとしたところ「いい」でも「ダメ」でもなく「決められない」と言われた。そのとき、たいしは周りから「ずるい」と言われずに自分のクラスのものにするために「ジャンケン」で勝って、獲

> 得しようとした。おもしろいのは三歳も四歳も「ほしい」とは言ってない。上手く二回とも勝ったからよかったが、これが負けていたらどうなっていたのだろう。
>
> 自分たちで考えてうなぎに餌をあげたら、食べてくれた！　その喜びは大きかったと思う。そして、より身近に感じたのだろう。

この記録を読んだあと、亀田さんがすかさず「『先生、決められないな〜』ということばを、どうして言ったの？」と聞きました。しばらく考えてから、菊地さんは「『どうとでもとれることばを言ったらどうなるかなー？』と、日々の保育の中で思うようになったからだと思います」と答えました。

この記録の中の保育士の「先生、決められないな〜」ということばは、「子どもたちに自己決定権を与えることば」なのだと思います。こうしたことばを保育士が意識的に使っていくことが、大切なのです。なぜなら、「自分で物事を決定する」ということが自己肯定感を育てるからです。すでに「電話ごっこ」の実践で紹介したように、そんな「自己決定権をあたえる場面を作ったり、ことばかけを意図的にしていくこと」が、保育の質を変えていくことになるのだと思うのです。保育の質を変えるとは、そんなに大げさに考えることではありません。日々のささいな保育を意図的にするということなのです。そのことが、子どもを変化・成長させていく力になっていくのです。

第2章における「学びのポイント10」

❶子どもの感覚を体で受けとめることが大切だし、そのことで見えてくる新しい保育の世界がある。

❷子どもの心が満たされるときとは七点あるが（七九～八〇頁）、「子どもの心が満たされるとは、どんなときだろう?」と考え、いろいろ出してみる。そしてそれを、整理・理論化し、次の保育実践へつなげていくことで保育実践が深まる。

❸子どもたちには、「続きの物語」を創造していく力がある。その作業をさせていくことが大切。

❹子どもたちは、何かしらの「キーワード」をもとにして会話をひろげていっている。

❺会話には、波のように山と谷がある。その谷になったときに、別のことばが入ると、再び山に向かい、会話がつながりひろがっていく。

❻「ごっこ遊び」は、共通体験があったときに成立する。また、「ごっこ遊び」を通して、子どもは〃子ども心〃を育てると同時に、現実を認識していく。

❼子どもが自己決定する場面を意図的に保育の中でつくっていくことが大切。

❽子どものことばを「待つ」という姿勢を持つことで、保育の中にゆったり感が生まれ、それがことばの発達をうながす。

❾ことばはもともと、抽象的なものである。それを具体物とつなげることで、ことばは生きたものとなる。

❿「ごめんね」ということばに限らず、儀式のように子どもの中を素通りしていくことばがある。そのことばの重さを理解させていく保育を展開していくことが重要。

第3章

子どものことばを通して親たちとつながる

1　連絡帳を活用してのクラス便り

高杉さんが、担任している一歳児のクラス便りを持ってきてくれました。そのときの報告は、次のようなものでした。

一歳児クラスの口頭詩といっても、ことばの出始める時期の一歳児クラスで集めるのはなかなかたいへんです。そこで、家庭と連携して子どもの発達の姿をとらえようと、連絡帳の活用を考えました。日々、子どもの姿を記録している連絡帳なら、よりさまざまな姿が浮かび出てくると思えたからです。さらに子どもの成長の喜びを、ほかの保護者に知らせることで「これでいいんだ」「こんな方法もあったんだ」などと、安心感や自信をもってもらえるのではと思ったのです。
そこで、はじめにクラス全員の連絡帳の中からそれぞれひとつのエピソードを選び、クラス便りとして発行しました。

リスのおさんぽ（平成一八年一一月一〇日）―一歳児クラス便り―

秋空のなか、天気のいい日はお散歩を楽しんでいます。友達と手をつないで歩くのが楽しい！　子どもたちからそんな気持ちが伝わってきます。おしゃべりも出てきました。じっと立ち止まって「こんにちは」。よく見るとありさんにごあいさつ。子どもたちのつぶやきや姿に心が温かくなりますね。今月号は日々の連絡ノートよりお母さんたちが見つけたお子さんたちの成長の姿やつぶやきをみなさんにもおすそ分けしたいと思います。

〈たかやまわこさん〉

・お歌を一人で歌っていてかわいいです。おままごとをしてはお茶を入れてくれ、「ママどうぞ！」としてくれます。

〈ふじたつぶきさん〉

・いつもは元気に歩いて帰る道。今日は「だっこ！」でした。「頑張ったから疲れたね」というと、「つかれたの～」といいながらべったりでした。でも顔はニコニコ。家に帰ると元気になり遊んでいました。

〈みやもとりんこさん〉

・最近は自家用車よりもバスや電車に乗りたがります。乗っている間も静かにしてくれるのでいいのですが、お客さんのことを色々見ていて、「あのお姉さんかわいい～」「あのお兄さんかっこいい～」と話していました。

〈たかはたゆうじさん〉

・行き帰りの道すがら、各家庭のガレージを見て「ブ～ブなぁ～い」「ブ～ブあった！」とか言い続けています。「パパ、ブ～ブは？」と聞くので「ねんねしているよ」というと、「ちゅうしゃじょう、きゅうけいちゅう？」といっていました。

〈とうぎあやみさん〉

・夜、布団に入ってからが長くて長くて……ご飯を食べる真似をして、「おいしい」と言ったり、歌を歌ったり、隣でお兄ちゃんが寝ているのにずーっとおしゃべりしているあやみ。ママも先に寝てしまいました。

〈やましたりえさん〉

・「りえ、おかあさんになったの。おやまだくんはおとうさんで、げんちゃんはネコおにいちゃん、つぶちゃんはネコあかちゃん」といっていました。四月生まれは強いなーと感じた母です。

まずは、わこさんです。わこさんは今まで「泣いて要求する」という形だったそうです。しかし、親と話し合って「ことばで返してあげる」ということにしたそうです。そして、「ちょうだい」とか「かして」と言うんだということも教え、言えたときにフォローしてほめたそうです。そうした高杉さんの働きかけが、わこさんの「ママ、どうぞ！」につながっているのだと思うのです。「どうぞ！」ということばは、人と人を優しくつなぐ力を持っていることばです。そうした人をつなげることばを、一歳児のうちにうんと教えておきたいものです。

次のつぶきさんのは、高杉さんがお母さんに「最近頑張っていますよ」と伝えたから生まれたことばです。頑張っていることを保育士だけでなく、親も共感してくれたとき、子どものうれしさは何倍にもなるのだと思うのです。とても大事なポイントだと思いました。

りんこさんとゆうじくんは、豊かなことばを獲得しているのがよくわかります。りんこさんは、ちょっぴりおませですが、きっと家でもそんな会話があるのかもしれません。とくに、ゆうじくんの「ちゅうしゃじょう、きゅうけいちゅう？」というのは、一歳児の口頭詩としてなかなかすぐれています。

あやみさんは、きっと心の中に溜まっていることばが噴き出ているのだと思うのです。もちろん、保育園でもいろいろ言っていることでしょう。でも、やっぱりお母さんや家族の人に聞いてもらいたいのです。そんな思いを大事にしたいものです。

さて、この中でちょっと気になるのは、りえさんです。正確に言うと、りえさんというより、りえさんのお母さんです。他のお母さんが子どものつぶやきをそのまま受け止め共感しているのに対して、「四月生まれはつよいなー」とちょっと冷めた感じの印象を受けるのです。私は気になって、お母さんの様子を聞いてみました。すると、一流企業に勤めているお母さんなのだそうです。もちろん、一流企業に勤めていることが悪いことなのではありません。一流企業に勤めているということは受験戦争の勝者であり、そうした受験競争を勝ち抜いてきたであろう親たちは、わりと体で子どもを受け止めず、論理で受け止める傾向が強い方が多いように思うのです。幼い子どもほど、体で丸ごと受け止めてもらいたいという要求が強いと思うのです。また、それを満足させてあげなくては子どもの情緒的な発達が不十分になるのです。だからといって、それをこうしたお母さんに伝えてもなかなかわかってはくれません。そこで私は、

「どうしたら、子育てが丸ごと子どもを受け止めることだとこのお母さんにわかってもらえるだろうか？」

と高杉さんに聞いてみました。すると、少し考えてから、

「難しいと思います。話してもなかなかわかってもらえる内容でもないし……」。

そうなのです。実は、子育てがことばの世界だけではわからない部分があることを理解することがとても難しいのです。

私はさらに突っ込んで聞いてみました。

「ところで、このクラス便りに何か反応があった？」

「残念ながら、何もなかったです」

「そうだよね。他のお母さんに分かってもらうだけでなく、このお母さんにもわかってもらうためには、もっと子どものつぶやきを継続的に載せていくようにするといいかもね。こんなふうにＢ４版一枚にしてまとめて出すことよりも、Ａ４やＢ５版の小さい紙一枚程度でいいから、一回に二人ずつくらい、二日に一回のペースぐらいで書いていったらどうだろう？」

そのあと、私は上のような図を書いてもう少していねいに説明をすることにしました。

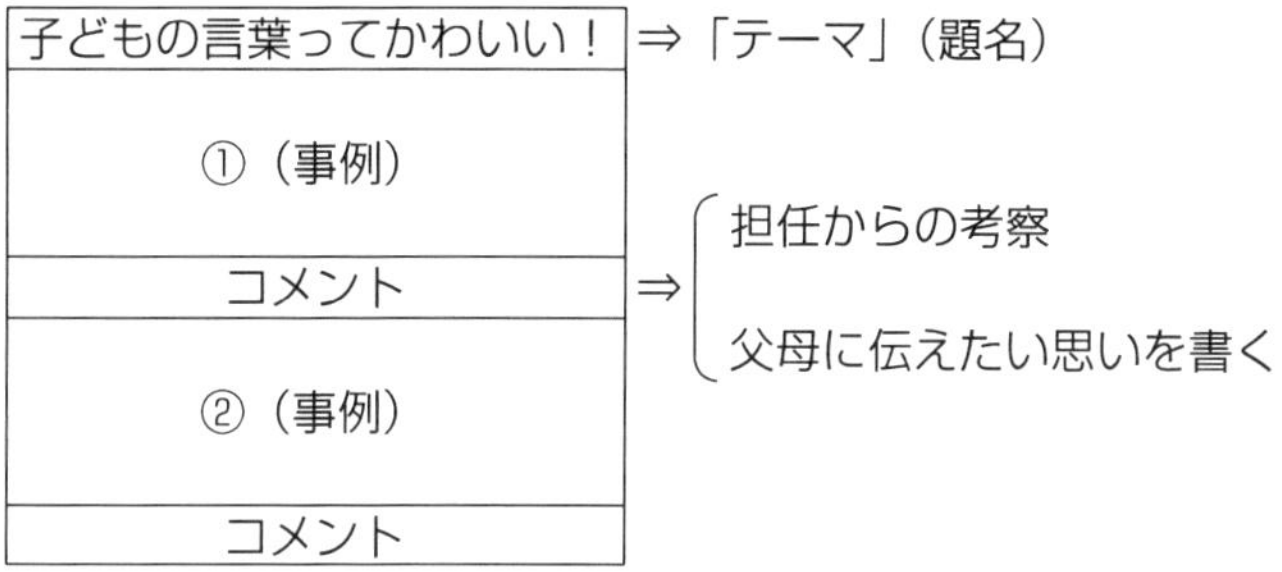

「この図にあるように、一回に二人ぐらいを載せていくといいよ。まず、負担が少ない形でないと長続きしないからね。とりあえず、二人くらいずつ載せていって、一〜二週間で全員が載るようにする。ところで、こうした作業を通して、培っていけるものはなんだろう？　親は実は親であるがゆえに、自分の子どもを客観的に見ることができないんですね。だから、親なんだけど……。でも、こうした形で口頭詩を載せて、それに対して担任がコメント（考察）を書いていく。すると、担任からの考察などを通して、『我が子をこういうふうに見てくれているんだ』という安心感を感じることができると同時に、『子ど

もをそういうふうに見ていけばいいのか?』ということがわかってくるんですね。それが、必ず親たちの学びになっていく。そうすることで説教くさいことを書かなくても、子どもの事実を通して学びあえる関係を創り出していくことができる」

「つまり、クラス便りというものが、日々の子ども同士の事実を通して描かれていく。それが、母親同士の交流へひろがっていく。初めての子どもの親っていうのは、とにかく不安なんだ。その不安を取り除くためにも、他の子のことや他の出来事を通したやりとりを知ることが大切なんだよ。それが安心感につながるし、クラス便りそのものがみんなの交流の場になる。いや、そうなったら最高だと思わない?」

こんなやりとりをしていくうちに「そうですね。そんなふうにやっていったら、親同士をつなげていけるかもしれませんね。やってみます」と、高杉さんは何か次への実践のイメージが描けたようでした。

2　「連絡帳＋担任のコメント」を掲示

高杉さんは、それらの点をふまえて「りすの木」の実践を持ってきてくれました。高杉さんは、一歳児を担任しているもう二人の保育士に声をかけ、さらに二歳児担当の保育士にも声をかけたそうです。そして、一・二歳児が一緒に「連絡帳の内容とコメントを書いた木を掲示する」という実践が始まったのです。

その実践を始めるにあたって、こんな内容のお手紙を出したのだそうです。

> 今、りす・あひる両クラスの中では、互いの子ども自慢が花ざかりです。また、毎日記入していただいています連絡ノートには、ほほえましかったり、驚いたり、ユーモアあふれるエピソードだったり……。そうした連絡ノートに共感したり、励まされたりしていることもたくさんあります。
>
> そこで皆様に了解を得たうえで、そうしたエピソードを日替わりでボード掲示させていただき、ほかの保護者の皆様にも〝共感〟〝笑い〟〝ほのぼの〟していただこうと思い、今回

「りすぐみ・あひるぐみの木」を企画いたしました。ぜひご理解のうえ、ご協力よろしくお願いします。
一歳児食事室の装飾用ボードに連絡帳から抜粋したエピソードを掲示します。なお、掲示するものについては、前もって確認します。

こうした形で「連絡帳と担任のコメント」を掲示した「りすの木（一歳児）」と「あひるの木（二歳児）」の実践が始まっていきました。（次頁写真①②参照）
はじめのうちは、半信半疑で始めた連絡帳の取り組みでしたが、積み重ねていくうちに少しずつお母さん方が連絡帳に書く量が増え、内容が充実していったのです。そして、その連絡帳の内容を親からの許可を得たうえで、リンゴの形の色画用紙に書き込み、それに担任のコメントをつけて掲示することにしたのです。
連絡帳を間違えて他の親に渡そうものなら、文句を言われてしまうこの時代に、連絡帳をオープンにしていくのですから、大したものです。そして、そのことに少しずつ親たちが協力し、つながりあっていくのです。
ここで、連絡帳とコメントをのせたクラス便り（りすの木）を紹介したいと思います。

クラス便りを出した後、お便りに対する反響はあまりなかったものの、連絡帳の内容が少しずつ、子どもの姿を詳しく含むものに変化していった。

さらに、実践を続けるためにはどうしたらよいか、月一回のクラス便りではカバーしきれないのでは、などの思いがでてきた。増田先生のアドバイスで、日々、ピックアップし続けることがより効果があると聞き、二歳児クラスと協力して、日々、掲示することにした。

一日二人をめどに、二〜三週間でクラス全員のことばが載るようにしていった（実際にはなかなかすすまなかったが……）。担任の思いも一緒に掲示することで、成長の喜びを共有するというメッセージを送るようにした。

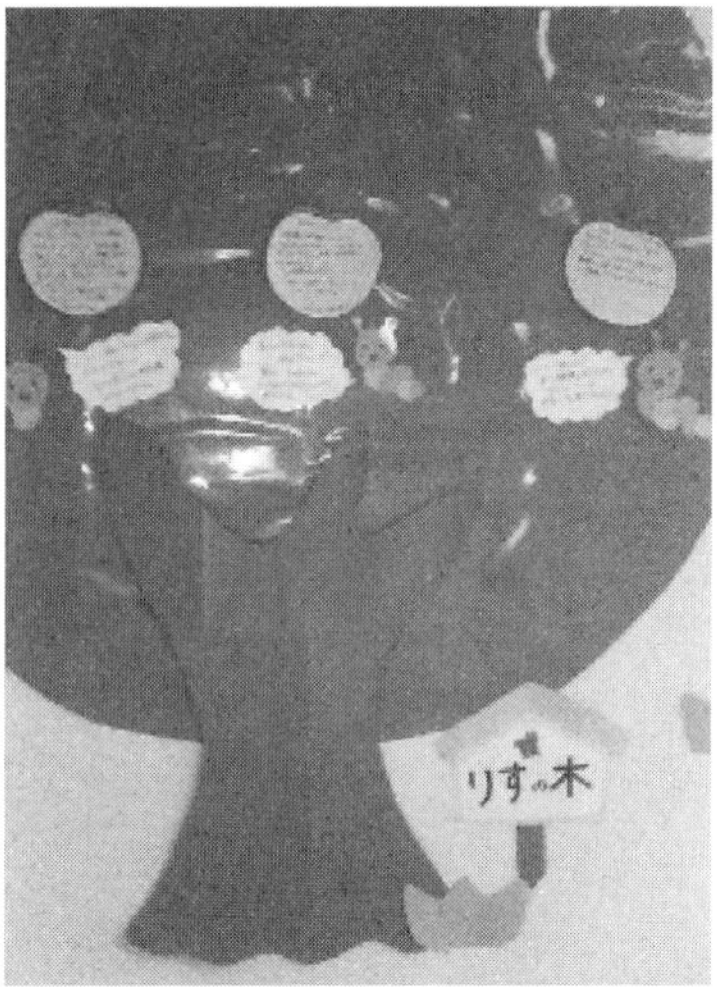

写真①　りすの木（１歳児）

写真②「りすの木（１歳児）」と
「あひるの木（２歳児）」

【りすの木・連絡帳より】

■一一月九日　おおきげんたさん

洗濯が気になるげんた。でも、そ～だっ！　朝、パジャマをなかなか着替えないので「げんちゃん、パジャマ脱いだら洗濯機に入れてきて」といったら案の定、自分でものすごい勢いで脱いで、お風呂場へ持って走っていきました。しめしめ。そんなふうにうまく気分を変えさせてやってます。

★げんたさんママ、ナイスアイデア!!　見通しを持ったことばかけをすると伝わる力が増すんですね。

■たかやともきさん

最近は会話もずいぶん通じるようになったせいか（?）、自分の思い通りにならないと「え～んえ～ん」。涙は出ていないけど、アピールしているみたいです。しまじろうの尻尾をみて「カンカンカン」。???のママと兄でしたが、良く見たら黒と黄の縞模様、大好きな電車の通る踏み切りを思ったようです（笑）。

★しまじろうのしっぽが踏み切りなんてかわいいですね。その後、ママとお兄さんとともきくんと三人で電車ごっこしたのかな。

■やましたりえさん

「あのね、こうえんにブタがあるんだよ。ブタはひとつしかないから順番こなんだよ。お友達がいいって言ったら乗るんだよ。ブタに二人で乗るんだよ」二人で…ひとつ…など数も入り、説明も完璧で感心してしまいました。

★りえちゃんと一緒にブタに乗るのは…ママ？　パパ？　お兄さん？　公園へ行くのが楽しみですね！

■一一月二七日　たかやまわこさん

ここ数日たくさん話すようになりました。ママやパパに同意を求めたり、注意をしたり…。たとえば散歩中、車が来ると「ママくるま、ママくるま」「あぶないよ」といって私を引っ張ります。車よりだいぶ前だったので、通りすがりのおじさんが「用心深い子だねぇ」と言いました。

★わこちゃんの声へのおじさんの発言がナイスですねぇ。子どものことばで気づかされることがたくさんありますね。

■一〇月三一日　ふじいつぶきさん

保育園の準備をしていると「お名前書くね～」とサインペンを持ち出しました。オムツの前後に落書きをして「お名前書いたよ～」。残りのオムツすべてに書いていました。

★自分のものは自分で～!!　案外そのほうが持ち物を大切にしようと思うかも……。

■一二月八日　ふくやまゆうこさん

昨日はどうも機嫌がいまいち。グズグズでも、ウンチしてパパが帰ってきたら機嫌も直っていました。ご機嫌になったのはどっちのおかげ？

★パパが帰ってきて一番ご機嫌になったのはママだったりして。仲良し家族ですね！

〈その後〉いつも、決まったことしか書かなかったお母さんがりすの木を読んで、「先生、私って連絡事項しか書いていないですね。こういうことも書いていいんですね」と気づいたり、あるお母さんのノートはそれまで無難な内容だったのが、よかったことも失敗したことも包み隠さず書くようになっていった。

これからの働きかけとして、子どもの気持ちに気づき、子育ての悲喜こもごもを共有することが、たいへんだけど楽しい、気持ちが楽だ、自分もできると思ってもらえるよう、コメントしたり、口頭で伝えていきたい。

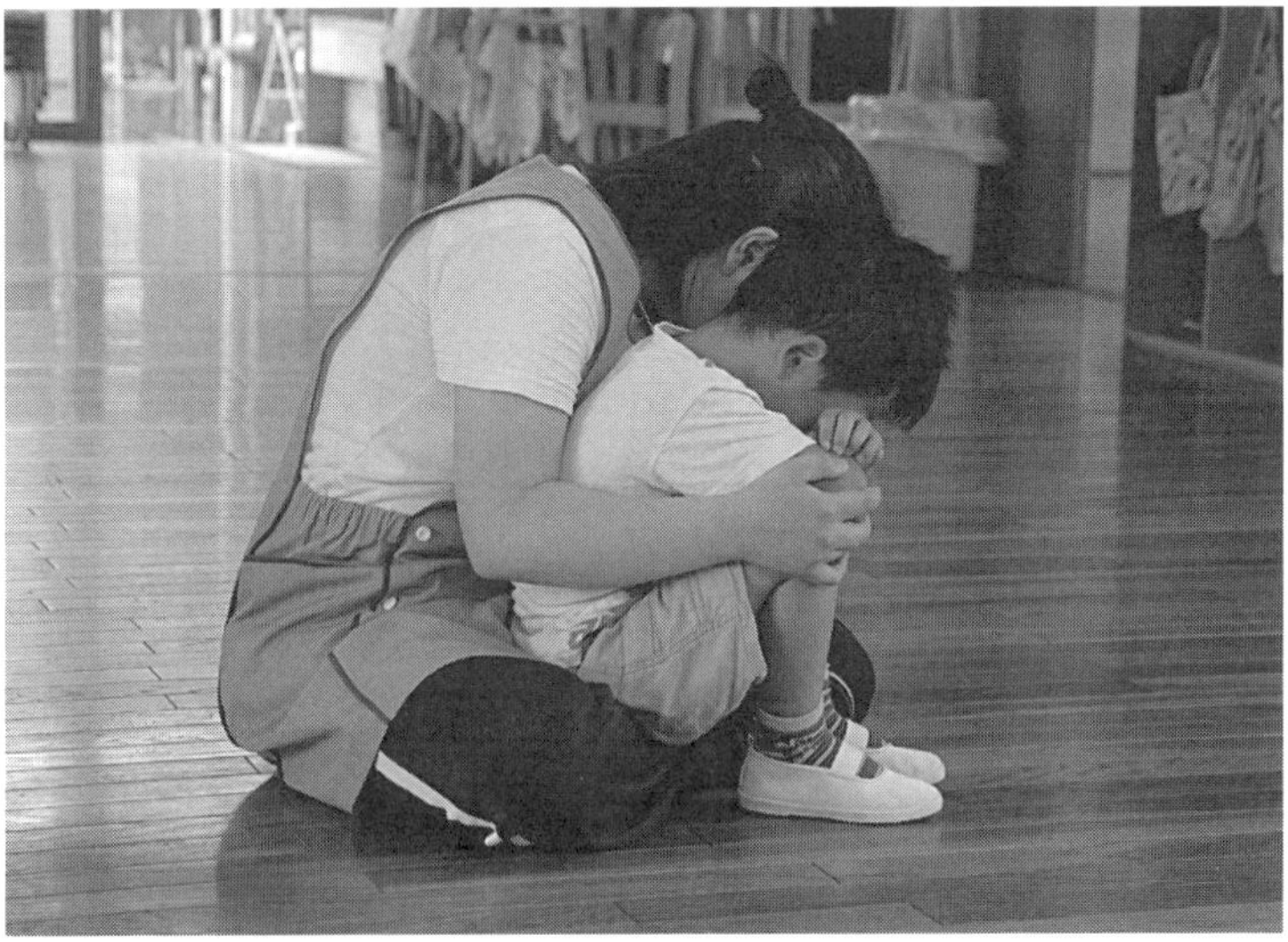

また、伝えることが一方通行にならないよう、やりとりの工夫をしていきたい。

高杉さんの取り組みは、少しずつ親たちをつなげ始めていったようです。りえさんのお母さんは、やはりここでも「二人で……ひとつ……など数も入り、説明も完璧で感心してしまいました」と書いています。それに対して高杉さんは、「一緒にブタに乗るのは……」という形でのコメントを返しています。数をとなえられることではなく、子どもの夢の世界を共有することの大切さを暗に示唆しています。こうしたことを通して、きっと少しずつ変わっていくことでしょう。

コメントを書くという作業は、保育士が自分たちのことばや感性を磨くこととつながるのです。ところが、えてして教師も保育士も、経験を積み重ねていくに従い、「子どもはこうあるべきだ！」といったコメントを書きがちです。それでは、子どもや親とつながっていくことはできないのではないでしょうか。

保育士自身が、自分の子どものときの思いをふり返りながら子どもの世界を共有していく。そのコメントを読みながら、親自身が自分が子どもだったときのことを思い出しながら子育てをしていくようになってくれたらこんなにうれしいことはありませんし、子どもにとってもうれしいに違いありません。

3　コメントの充実で親たちがつながりだす

こうして一歳児担当の高杉さんは、クラス便りの取り組みを変化させ、一・二歳児合同の「りんごの木」という実践を始めました。家庭からの連絡帳の内容を家庭の許可をとってリンゴの実の形をした紙に書き、それにコメントをつけて木に掲示していくというものでした。その結果、「りすの木」（一歳児クラス）に載せきれないほど連絡帳が来るようになると同時に、書かれてくる内容が濃くて長いものになっていったそうです。そのため、リンゴの実に書ききれなくなり、コメントを吹き出しの形にするという形になったとのことでした。

私は三つのことをアドバイスしました。

❶コメントに、「自分の子どものときの思いを溶かし込むこと」「意識して自分というものをもっと出すようにすること」の二つを心がけると、もっと親たちが自分のことを語ってくれるようになるし、担任に親近感を持ってくれるようになる。

❷「りすの木」に掲示するとき、ただたんにペタペタ貼るのではなく、それぞれの内容ごとに

分けて貼るようにすること。そうすると、どんな連絡帳やどんな悩みが多いかが一目瞭然とわかるようになって、他の親も安心する。

❸「りすの木」を保護者たちが読んでいく中で、「同じ悩みだ〜」と共感することって、けっこうあるはず。だから、そういう悩みに教師が答えるのではなく、親が答える形をとってみたらいいと思う。きっと親同士がつながっていくはずだから……。

高杉さんは、これらを受けて、「りすの木」に掲示したリンゴの内容をまとめた「りすの木・連絡帳より」という学級通信を持ってきました。その実践の様子を紹介したいと思います。

■実践報告1

※子どもたちのコメントをクラス便り（懇談会資料）として発行、配布しました。保護者からその後、感想が届きました。

■たかやともきさん（母）

日頃、時間に追われ、送迎時に顔を合わせてもゆっくりお話しする時間もない保護者たち。同じような悩み、気づき、喜びなどを共有できる場があるのは非常に救われます!!　クラス便りだけではスペースも限られますからね。先生方の仕事も増えると思いますが配慮に感謝です。

■みやもとりんこさん（母）

掲示されると思うと期待と不安で連絡帳を前に考え込んでしまい「元気です」と一言で終わる自分に反省（T_T）皆さんは上手に表現しているな～と感心します。もう少しがんばらないと！

――中略――

※その後、父親からのコメントも少しずつ入ってきました。

■一月二一日　やましたりえさん（父）

土日ともにご機嫌でひとりで本を開いては、漢字を見ながら自分でペラペラと物語をつくって話していました（誰も聞いていなくても一人でしゃべっています）。部屋中にお皿やら動物やらいろいろな物を並べて物語を作ります。お世話好きで、いつも誰かにご飯を食べさせてあげるのが決まりのようです。だいぶ口が達者になってきたのでなかなかこちらの思うように事が運ばなくなってきました。

★口が達者になることで今度はお互い（娘・父）の想いをキャッチボールできますね。それもまた楽しいですね。

■一月二二日　たかやまわこさん（父）

大根と厚揚げ、ひき肉を使った煮物をたくさん食べました。とても食欲があります。お皿の中身をきれいに食べると「ほらみて～ピカピカ～」といいます。こちらの言った単語を上手に反復できるようになってきました。や、あれして、これしてと、なかなかたいへんです（楽しいです）。「いこう」の意味で、「行け」と言ってしまうわこです。直していかないと……。本日はママが仕事を持って帰りました。わこを早めに寝かせる予定でしたが、九時から一〇時まで、一時間もぐずられてしまいました。（>_<）まあ、そんな日もありですね。寝顔をみてほのぼのでした。

★わが子の寝顔は天使の寝顔……。パパの気持ちが良く伝わってきました。まさにたいへんだけど楽しい!!　子育てですね。

■一月二二日&二三日　とうぎあやみさん

（二二日）ことばもどんどん出てくるようになり、最近は「何これ？」と聞いてきて、答えるとそのことばを覚えるかのように繰り返し言っている姿はとてもかわいいです。（^_^）

（二三日）（風邪をひいて）布団で寝ているお兄ちゃんをみて「大丈夫？　大丈夫？」と心配していました。「ねつあるの？」「かわいそうね～」と言っているアヤミでした。

★以前、夜、寝る前にたくさん独り言を話していたのが実を結んできましたね。これからどんな楽しいコメントが出てくるだろうなぁ。楽しみです!!

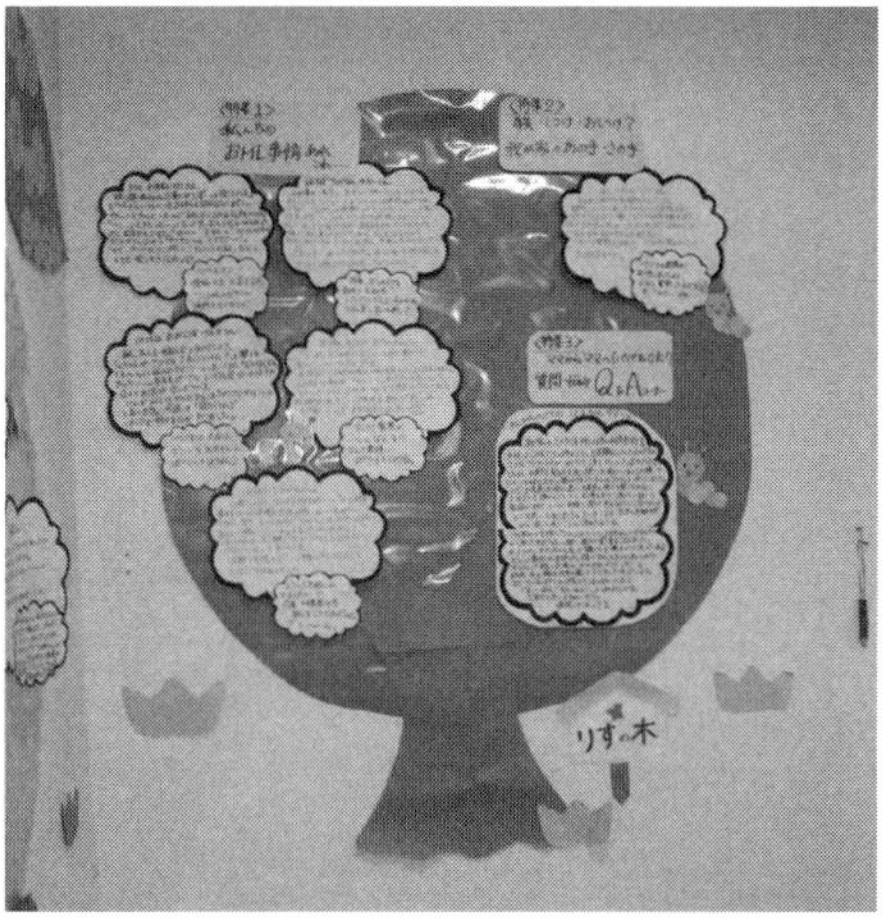

写真③　系統立てて貼った「りすの木」

「コメントを内容ごとに分けて貼ったらどうか？」というアドバイスを受けて、高杉さんはさっそく「りすの木」の貼り方を工夫するのです。こうしたフットワークの軽さが、高杉さんのすばらしさだと思うのです。「いいものはいい」として、貪欲に吸収していく姿には私自身も励まされます。さてさて、どのようになったのでしょうか。続けて紹介したいと思います。（写真③参照）

■実践報告2
りすの木がクラスに浸透してきていることを口頭詩研究会で話すと、今度はコメントを系統立ててみてはどうかとアドバイスをもらう。
懇談会で盛り上がったのを契機に、さっそく系統立てしたものに「題目」をつけて、関連のあるコメントをりすの木に並べてみた。

〈特集1〉私んちのおトイレ事情あれこれ…

■一月二五日　おおきげんたさん

朝、本人も悩んでいるのでしょう。「げんちゃんパンツで行く？　オムツで行く？」と聞くと「う～ん」と悩んで「パンツー」といってまた「じゃなくてぇオムツー」。本人もパンツで行けると思っているのですが今イチ自信がないようです。けれどトイレに行ったあとは「パンツで行くー」と言います。今週は一回だけれどパンツでいける日がありました。

★パンツをはいた日はグンッとお兄さんに近づくのでしょうね！

■一月二九日　とうぎあやみさん

土日もおしゃべりマシーンのように朝からずーっとしゃべりまくりのアヤミ。日曜日に「うんちがでそうになったらトイレでしてみてねー」とパパに言われ、「うん」と。そして「パパうんちー」といってトイレに行き、なんと二度目の「トイレでうんち」が成功しました!!　アヤミも自分で「すごいね～」「でたね～」と喜んでいました。(^◡^)

★ウンチで家族がひとつになれる!!　なんてすばらしいエピソードでしょうね。

■二月一日　たかはたゆうじさん

この頃のゆうじはオムツの柄（？）にもこだわりをみせています。パンパースの「でんしゃ」の模様は好きなのですが、「カラオケ」の模様だと「ちが〜う〜」といって拒否します。このままだとカラオケ模様のオムツばかり残ってしまいそうです。パジャマに着替えるのがなんともイヤなようで（自分で着るわけでもないのに）、今日も泣きながら、両手にコカコーラのミニカーを抱え、手洗い用のステップの上に並べていました。泣いているのを放っておくとパジャマを持ってきて母の足にすがるのでした。

★将来、おしゃれな男性になるかも！　パパに似ているのかな。ママの足にすがる姿も似てたりして……？

〈特集2〉躾・しつけ・おしつけ？　我が家のあの手この手

■一月三一日　たかやまわこさん

今日は世話焼きわこちゃんでした。台所にたっているとママのスリッパを持ってきてはかせてくれたり、帰ってきたパパの手袋をはずしてくれたりしました。爪が伸びていたので切ろうとしましたが、なかなか切らせてくれません。いろいろ質問しながら、パパと協力しての爪きりでした。

★パパとの連携が成功しましたね！　どんな質問したんだろう？　聞いてみたいなぁ……。

〈特集3〉ママからママへ（パパもOK！）質問・悩みQ&Aコーナー

■ことちゃんママより～はるちゃんママへ

我が家の上の子のときの経験談です。姉は0歳児クラスのときはプールも問題なく入っていたのですが、一歳児クラスでは水が怖くなり、一度もプールに入りませんでした。もちろんお風呂で髪の毛を洗う際にお湯をかけるのも大嫌いで、三歳になるまでひざに寝かせてもらう赤ちゃんスタイルで洗っていました。ただ、お友達のお母さんたちにお風呂の様子を聞いてみると大泣きでも頭からジャ～とお湯をかけて洗っているという家庭が多く、いつか姉も座って洗えるようにしなければという思いもありました。ということで三歳のお誕生日から座って洗うことに決めたのです。少し前から姉に「三歳になったら少しお姉さんになるんだから座って洗おうね」と話し、親子で覚悟を決めました。そして三歳になった日から座って頭からお湯をかけ、洗っています。もちろん最初は泣きました。顔にタオルをあてて洗ってみたり、下を向いて洗っています。まだ少し泣くときもあります。でも泣かなかった日は「すごいねぇ!!　えらいねぇ！」とほめまくりです。たいへんだと思いますがぜひがんばってほしいです。

※特集1は最近、クラスの中でパンツへの移行が進むなかで多い話題なので取り上げた。

※特集2についてはこれから、たかやまさんのノートを見て、どう反応があるか楽しみだ。以前は当たりさわりのない内容しか書いてこなかったのが、赤裸々に失敗談や成功談を載せてくれるようになったのは、悩んでいるのは自分だけではないんだという、安心感も芽生えてきているためと考える。

※特集3は懇談会で悩みを出しあうなかで出た、クラス便りやりすの木を活用して保護者同士やりとりを深めようという取り組みで、せきもとさんが洗髪を嫌がって困るという悩みに対

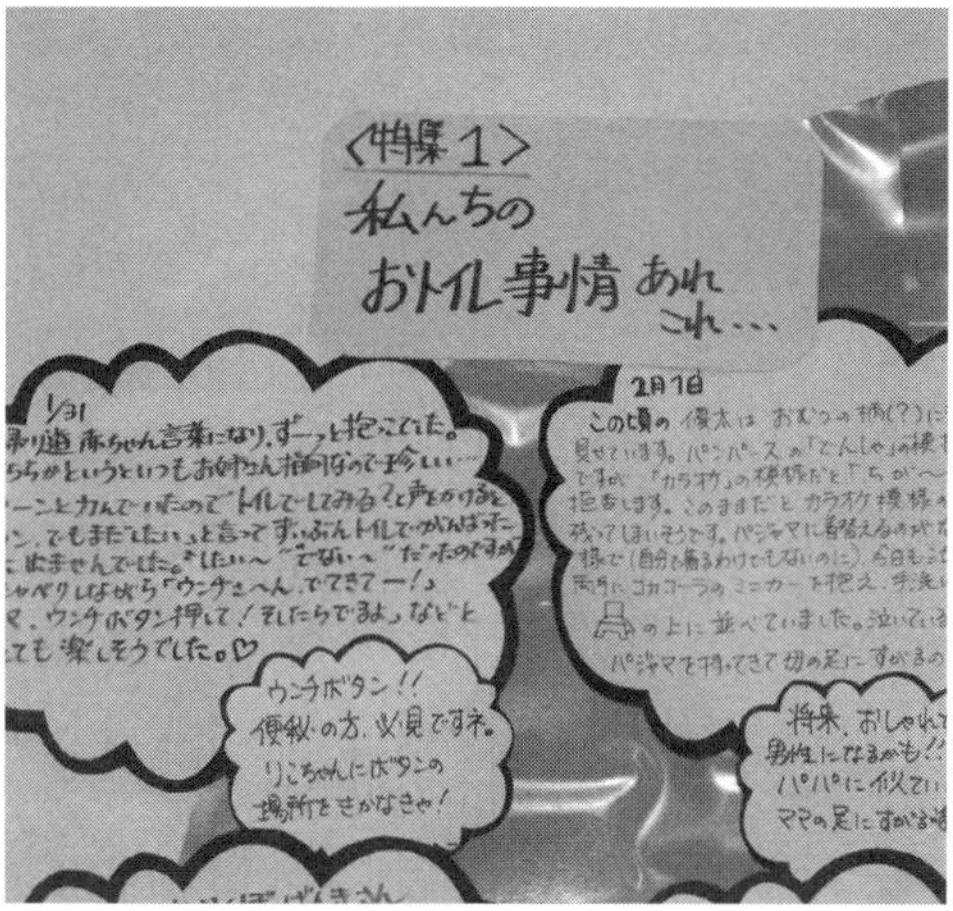

〈特集1〉私んちのおトイレ事情

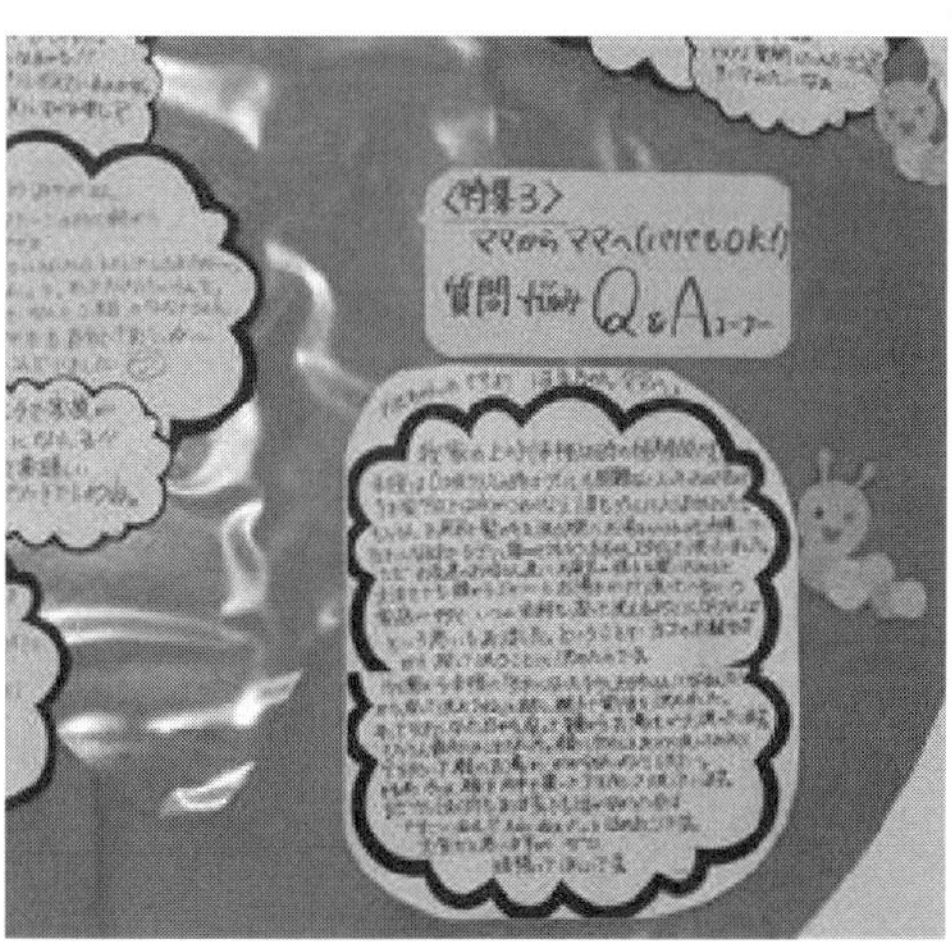

ママからママへ質問・悩みQ＆Aコーナー

して連絡帳を通しておやまさんから返信が来たので掲載した。答えは担任の意図するものではなかったものの、あえて、そのまま掲載した。今後のいろいろなやりとりにつながればよいがと期待している。

※その後、掲載した事柄につながるコメントが増えるようになった。

■二月二日　たかはたゆうじさん

オムツの柄……「カラオケ」を嫌がるので困ったぞと思っていましたが、〝りすの木〟にあったつぶきちゃんのエピソード（オムツにお名前を自分で書く）を思い出し、母もオムツに落書きをすることにしました。今日の落書きは車とわいもくん。［わいもくんのイラスト］それを見たゆうじ。「これでいい」だそうです。

★りすの木を活用していただきありがとうございまーす。ゆうじくんの満足した顔が目に浮かびました。

■二月二日　ふじいつぶきさん

家では大きな絵本を持ち歩いています。眠るときも枕元においています。今のお気に入りは「あかずいちゃん（赤ずきんちゃん）」「三匹のこぶた」「おおかみと七匹のこやぎ」です。オオカミが怖いのですが、気になってしまうようです。オオカミが出てくるとギュッとしてくれ、「おかーさん、つぶがいるからだいじょうぶだよ」と守ってくれます。

★なんてうれしいことばでしょう。私にも誰か言ってくれないかなぁ。ギュッってして……

▒二月二日　みやもとゆうきさん

先日の懇談会で教えてもらった指遊びを家でやっていると、まぐれで〝二〟（✌）ができたんです。それを見た私が異常に喜んだのでゆうきは一生懸命練習し始めました。できる確率が上がってきて「二さーい！」とみせてくれます。でも、次の〝三〟ができず、イライラしています。

★できた瞬間を的確にとらえてほめて伸ばす!!　さすがママです。さっそくパパにもためしてみよう!!

この実践報告1の中に、やましたりえさんのお父さんのコメントがあります。前述したように、りえさんのお母さんは子どもを体で受け止めることが苦手なようです。同様にお父さん自身にも、その傾向があるようです。お父さんは、「だいぶ口が達者になってきたのでなかなかこちらの思うように事が運ばなくなってきました」とコメントしています。これは裏返せば、「子どものことを思ったように運びたい」という意識のあらわれでもあるのです。

それに対して高杉さんは「口が達者になることで今度はお互い（娘・父）の思いをキャッチ

ボールできますね。それもまた楽しいですね」とコメントしています。子どもを思ったように運ぶことではなく、「思いをキャッチボールすることが大切です」というメッセージを込めているのです。押しつけがましくなく、こうした形で私たちの思いをメッセージとして伝えていくことが大切なのではないでしょうか。

全体的に、コメントがとても上手で、高杉さん自身が楽しんで書いていることが伝わってきます。一月二九日のとうぎあやみさんの連絡帳には、「トイレでうんちが成功したこと」が書かれています。それに対して、「ウンチで家族がひとつになれる!! なんてすばらしいエピソードでしょうね」とコメントしています。私は思わず吹き出してしまいました。こうした遊び心を持ちながらコメントをしていくと、親たちも返事が待ち遠しくなるし、子育てにも余裕が出てくるようになるのです。

子育てに余裕が出てくると、親同士も少しずつつながっていくのです。やはり、コメントにユーモアを溶かし込んでいくという視点は、大事なのではないでしょうか。

〈「通信」のはたす役割〉

さて、ここで「りすの木」と「通信」の役割の違いを考えてみたいと思います。「りすの木」の場合には、保育園に来た人のみに見せる形になります。ですから、「りすの木」のコメントは独り言のような形でいいのです。それを読んだ人たちが、その場で会話をしていくことで、他者との対話にひろがっていきます。つまり、他者との対話のきっかけになるようなコメントを入れるという方向性が必要なのです。

しかし、「通信」には読み手を楽しませると同時に、「子育てって楽しいですよ～！」という雰囲気を伝えることが必要なのです。つまり、「りすの木」と「通信」のコメントは変えていいのです。「通信」には、遊び心を入れた、他者が笑えたり楽しめるコメントにすることが方向性として考えられます。

また、高杉さんの「りんごの木」では、「トイレ事情」「しつけ」など、連絡帳の内容を分類して貼っています。もう少し発展させるとするなら、「どんな題材を取り上げるか？」という視点が必要ですが、実はそれがとても難しいことなのです。別のことばでいうと、「誰と誰の連絡帳をつなげるか？」ということなのです。実はそのつなげ方によって、連絡帳の内容がまた変化するのです。つまり、AとBの薬品を混ぜると化学反応を起こし、別の物質ができ上がるということです。人間は社会的な生き物ですから何か働きかけを受けると、その影響を受け、内面が変化・発展していくものなのです。Aの連絡帳とBの連絡帳をつなげることで、AとBに変化が起きるだけでなく、そのやりとりを目にしているCという人の心も変化させるのです。

事実はそのまま伝えたとしても、それを別のどのような事実とつなげるかによって、その後の発展が変わってくるのです。これが実は、実践というものの持つおもしろさなのです。「実践というのはきわめて創造的な営み」といわれるゆえんでもあります。

以上のような高杉さんの実践にまで至らなくても、ちょっとした工夫で効果が期待できるものがあります。

〈掲示板の活用〉

たいていの園には、入り口に小さなホワイトボード（掲示板）があります。そこには「今日は、水遊びをしました」とか「散歩でたくさんの車を見ました」などと、一日にあった出来事がおおざっぱに紹介されています。そんなホワイトボードを使って、親たちとつながりあえるようにしていったらどうでしょうか。

研究会に参加している菊地さんの園では、そのホワイトボードに「子どもたちの口頭詩」を掲載するようにしたそうです。その結果、たくさんの父母がホワイトボードを見るようになると同時に、それが会話をひろげる糸口になっているそうです。

今の親たちは、子どもの良さを確認したいのだと思います。たいへんな思いを抱えながら保育園に預けている父母の方々の中には、「子どもってたいへんだし、手間暇がかかってイヤだ！」と思っている方もいると思います。そんな父母の方々に「ホワイトボードに子どもの口頭詩を紹介する」ことで、子どもの良さを伝えていってほしいと思うのです。高杉実践の「りすの木」のような方法を展開していくことは、やはりたいへんだと思います。それに近く、なおかつもっと気軽にできるのが、この方法のよいところです。

ホワイトボードを少し大きめにして、それを園の入り口近くに掲げ、子どもの口頭詩を紹介する。もちろん、実名で書いていいかどうかを前もって確認しておくことが必要です。そして、口頭詩の最後のコメントを、保育士のみんなで順番に書いていくといいのではないでしょうか。他の人に見られるということを通して、「口頭詩をどうとらえ、どのようなコメントを書くことがひろがりを持たせることにつながるのか？」「父母に、おもしろいと思ってもらえるコメントとはどんなものか？」ということを考えることを通して、保育士も鍛えられていくのだと思うのです。

そして、この毎日書かれる口頭詩を、最後に「口頭詩集」にして親たちに配布したらきっと喜んでくれるのではないでしょうか。

4　〝お父さんの照れ笑い〟から親の思いを読みとる

次に紹介したいのは、庄司さんの事例です。

◇「お父さんのひとことがお母さんを動かした」
（子どものつぶやきの背景からみえたもの）
・まき（四歳児クラス、四歳九ヵ月）…三人姉妹（姉　小二と年長組）
・父母…実家の花屋の手伝い

★一二月三日の保育日誌より
まき「〇〇センセイは、ずっとまきとあそんでね。だれともあそんじゃダメだよ」
（担任に聞いてみると、「あ〜、まきちゃんね！　まきちゃんはいつもそうなの！　いつもそう言うのよ」と笑う）
★一二月六日、四歳児クラス保育参加

みんなが散歩に出かけた一〇時過ぎ、まきの母親が息を切らしながら玄関に入ってくる。
私「おかあさん、どうしたの？　そんなにあわてて……」
母「子どもたちは、もう散歩に出ましたか？」
私「さっき、〇〇公園に行ったわよ。どうしたの？　お母さん！」
母「イヤ～……。お父さんに（保育参加に）〝お前、行ってやれ！〟って言われたから……」
私「そうなの～。なんてすばらしいお父さんなんでしょ！　お母さん、すぐ行ってあげて！　場所わかる？」
母「わかります。急いで行ってみます」
私「気をつけて行ってらっしゃい！　お父さんもすばらしいけど、来てくれたお母さんもすばらしいわ！　まきちゃん、よろこぶわよ」と見送る。

★一二月一四日

珍しく迎えにみえた父親に、このことをこう伝えた。

「この間のまきちゃんの保育参加の日、お母さんに行ってくるように言ってあげたんですってね。すばらしいわ、お父さん‼　来てくれたお母さんもすばらしいけど、そう言ってくれたお父さん、すてきだわ！　まきちゃんも喜んでくれたわね」

と私の思いを伝えると、父親は「テへへへ……」と照れ笑いをしていた。

ここでよく考えるべきなのは、お父さんの気持ちです。この家では、父親の祖父母がやっている花屋を、両親が手伝っています。ものすごく忙しいのです。普通、保育士がこのような形で誉めたら「ありがとうございます」とか「そんなことありませんよ」と言うはずだと思うのです。それなのに、どうしてこの場面でお父さんはテレ笑いをしたのでしょうか。このテレ笑いの意味を深く考えてみる必要があると思うのです。

ほんとうはお母さんだって、我が子の保育参加に行きたいのです。しかし、お嫁さんという立場上、忙しいのがわかったうえでそれを抜けてまで保育園に行くのは、きっと肩身が狭いのだろうと思います。お父さんは、このとき、「(保育参加に) お前、行ってやれ！」と言うのです。それは、どのような思いや覚悟で言ったのでしょうか。

私の実家も商売をやっていたので、その忙しさはよくわかります。小学校のときの授業参観などには、六年間のうちにたったの三回程度しか来てくれませんでした。寂しかったけど、仕方がないことだとあきらめていました。だから、このお父さんはこのことばのあと、「お前がいなくなったあとの仕事の分は、おれが全部やるから心配するなよ。もし自分のオヤジやオフクロに何か言われたら、オレが行かせたんだから文句を言うな！　と言っておいてやるから……」と、お母さんをかばう覚悟で言ったのだと思うのです。だから、どうしてもテレ笑いになってしまうのです。だって、そんなこと恥ずかしくて言えないじゃないですか。

この解釈は、もしかすると違っているかもしれません。しかし、それでもいいのだと思うのです。こんなふうに解釈すると、家庭の中のことまで深く読みとることができるのではないかと思うのです。保育士にとって一番大事な資質とは、子どもを取り巻く生活環境や子ども同士の関係などを見ながらイマジネーションを働かせ、深い子ども理解や人間理解をすることだと思うのです。そのことを抜きにしては、保育は成り立たないのではないでしょうか。

そうしたイマジネーションを働かせて子どもの家庭や性格などを理解していくということは、子どもや親への新しい愛情を創造することにもなるのです。偏差値的学力ではありません。保育士ほど、ほんとうの意味での学力が問われる仕事はないのではないでしょうか。

私は、保育の無限の可能性をそこに見ることができるのです。

5　子どもを肯定的に受けとめる大人の役割

これは、私が小学校を担任していたときの出来事です。二〇〇七年の四月二四日に、野口さんというお母さんが職員室に来ました。その年の三月に卒業させた六年生の子どもの親でした。「増田先生、卒業式のときに撮った写真ができあがったので、お持ちしました」と封筒を渡してくれました。開けて見てみると、翔平と私の写っているツーショットの写真一枚と、ていねいなお手紙が入っていました。その手紙は、次のようなものでした。

「父の部屋の枕元から詩集が出てきました」

野口則子

増田先生、一年間たいへんお世話になりました。三月二三日の謝恩会には、私の父（翔平の祖父）が心筋梗塞で急に亡くなってしまい、参加できずに残念でした。先生ともっと色々お話をさせていただきたかったです。

魚沼産コシヒカリを作っていた新潟のじじは、翔平の書いた詩がとてもうれしかったようで、来る人来る人に詩集を見せては、自慢していたそうです。最後に電話で話をしたときは、「増田先生が出演されたテレビが見られなかった」とくやしがっていました。そして、「翔平は、いい先生に教えてもらって良かったなぁ。詩集を見てると、先生の人柄までわかる」と話していました。

父の部屋を片付けていたら、枕元から詩集が出てきました。いつも詩を読んでいた父の様子が浮かび、涙がこみあげてきました。ユーモア詩は、クラスの中だけでなく、それを読んだたくさんの人たちに、幸せの種をまいてくれたように思いました。

翔平が卒業してからも、何気ない会話の中に、「今の、ユーモア詩になりそうだね」なんて家族で笑うことが度々あります。MY詩集でも続けたらおもしろいかもしれません。アンテナを張り続けていけたらすばらしいと思います。

五年生に妹がいますので、三小でお会いできると思います。読み聞かせも続けて行くつもりですので、これからもよろしくお願いします。すばらしい一年間でした。ありがとうございました。

おじいちゃんに差し上げたのは、六年生一学期の詩集でした。おじいちゃんのことを書いているということで、

「こっちの一冊は野口くんの分だよ。そして、もう一冊はおじいちゃんの分だよ。良かったら

送ってあげて……」

と二冊詩集を渡したうちの一冊でした。そのときにのせた詩は、次のようなものでした。

おじいちゃん

野口翔平（六年）

ぼくのおじいちゃんは農家で、
魚沼産コシヒカリを作っている。
いつも
「米しか食べない！」
と言っているが、
パンもうまそうに食べている。
意地をはっているだけなのかな？

この詩を読んで私は、
「よく見ているなー。なかなか人間の本質をついている詩だなー」
と思ったものでした。

私は、この手紙を読んで、ほんとうに胸が熱くなりました。孫が自分のことを書いてくれた詩集をみんなに自慢する。それだけでなく、臨終の間際まで詩集を枕元に置いておいてくれたのです。きっと、暇さえあれば詩集を取り出し、孫の書いてくれた詩を読んでいたのだと思います。これを読んで、つくづく詩集を発行してきてよかったと思いました。

翔平は、この詩を書いてから大きく変化・成長しました。それは、自分の書いた詩を肯定的に受けとめ、そのことを大喜びしてくれたおじいちゃんの存在があったからだと思うのです。

子どもの表現というのは、その表現（詩・作文・ことばなど）を肯定的に受けとめてくれる他者の存在があったとき、大きく変化・成長していくのだと思うのです。いや、そうした存在を抜きにしては伸びていかないと言ってもいいのではないかと思うのです。私たち教師や親が、そうした存在になれたらいいなと思うのです。

第3章における「学びのポイント10」

❶幼い子どもほど、体で丸ごと受けとめてもらいたいという要求が強い。それを満足させるような働きかけをどのようにしていくかがポイントとなる。

❷担任のコメント力が、親の意欲を引き出したり、子育てへの関心を引き出すポイントとなる。

❸コメントに、担任自身の「子どものときの思い」を溶かし込むことが大切。

❹説教ではなく、親自身が自分の子育てにおける不足面を、それとなく気づかせるように仕向けていくしかけが大切。

❺親同士をつなげていくことで、子育てに余裕が生まれる。

❻コメントには、ユーモアが必要である。それと同時に、コメントを書くことで、保育士自身も鍛えられていく。

❼「誰と誰の連絡帳をつなげていくか」ということによって、親の内面の変化が違ってくる。

❽イマジネーションを働かせて、子どもの家庭や性格などを理解していくこと。

❾子どもの表現は、それを肯定的に受けとめてくれる他者の存在によって変化・成長していく。

❿保育実践には、ほんとうの意味での学力が問われる。その学力を実践を通して身に付けていくことで、保育の可能性がひろがっていく。

第4章

保育実践研究の積み重ねをどのように進めるか

1　日誌を通して、保育実践の質を変える

この研究会の一番最初は、子どもが言ったことばを集めてきてそれを読みあい、

「おもしろかったね！」

「子どもって、ユニークだよね！」

といった形でした。つまり、ただたんに子どものことばや様子を書きとめた記録にすぎなかったのです。


しかし、実践の内容を検討しあっていくうちに、子どものことばを聴きとることが保育の質を変えていくことに少しずつ気がついていきました。そのことによって、メンバーの意識自体も変化していきました。

口頭詩は、まずは子どものことばを聴きとり、メモをとることから始まります。メモをとることを通して、保育の内容を振り返ることができるからです。井島さんは、「つぶやきシリーズを出して、親が喜んでくれたことがうれしかった」と研究会で述べていました。

菊地さんは、

「〝泣いたり笑ったりを大切にする保育〟〝人ってすてきと思えるクラス作り〟を目指して行きたいと思う」

と述べるようになってきました。

また、研究会のメンバーの様子を見ると、口頭詩を聴きとること自体が、保育としっかり結びついてきています。まさに「口頭詩＝保育」という図式ができ上がってきているのです。

第3章で「りんごの木」という形で紹介した高杉実践では、ふだんなら公開しない連絡帳というものを、親の了解を得てオープンにしていく中で、親同士のつながりを育んでいます。

新しい「保育指針」でも保護者支援が重視されていますが、その一つのあり方として、親同士がつながる方法を考えていく時期にきているのではないでしょうか。

また、保育の質の向上が問われていますが、そのために、日々保育士が綴っている「保育日誌」の内容を充実させることが大事になると思います。「保育日誌」に、保育園の中であった事実を書いていくというだけでは、もったいないように思うのです。「保育日誌」を書く時間は、だいたい三〇分ぐらいあると聞いています。その三〇分は、子どもたちと過ごした保育の内容を振り返る「気づきの時間」にしたいものです。ある瞬間の子どもの姿やつぶやきを「保育日誌」に書き留め、「そのことの事実をどうとらえ・どのように返したか？」「どのように返したら、もっとよかったか？」「その事実の裏側にある子どものほんとうの思いや願いは何か？」という考察や評価が求められています。たったの三〇分かもしれませんが、そうしたことの毎日の積み重ねが、必ずや、「次の保育をより充実したものにしていくこと」になるはずだと考えています。

日誌や実践記録を書く際のポイントとして大切なことは、次のようなことだと考えています。

〈実践記録のポイント～ここを大切に！〉

❶ことばの出ない子、話せない子、その子たちはその場で何をしていたのか？　そしてそのとき、何をつぶやいていたのか？

❷要所のことばの他に、目立たない子やことばの不明瞭な子、友達にくっついて参加していた子はどうやっていたのか？

⇩そこに光を当てて、その姿や〝つぶやき〟を拾うことが大切！⇩保育の実践⇩集めて理論化⇩分析⇩次の課題へ！

ぜひ、実践記録を書くことを、日常化してほしいと思うのです。きっと、見えてこなかったことが見えてくるし、新しい発見が生まれるに違いありません。

2　実践記録を樹状図に

保育園では、どこでも保育に関する記録をとっていると思います。でも、どれも個人個人のものにとどまっている場合が多いのではないでしょうか。もし、子どもと格闘した、各保育士の保育（教育）実践をひとつの「図」にまとめていったとするなら、どのような変化が起こるでしょうか。

この図（次頁資料1）を、私は〝樹状図〟と呼んでいるのですが、中央の幹になる部分が指導や動きの流れです。そして、左側に子どもの活動ややってほしいこと、右側に幹になる部分のポイントを書き込みます。この〝樹状図〟は、一枚の紙で全体の流れや取り組みや様子がわかる、とてもわかりやすい方法です。私は、日頃からこうした形で、教育実践や保育実践を記録していくことが必要だと思っています。こうした形でまとめていく習慣をつけていくことが、自分の保育実践を突き放してとらえる力をつけることにつながるし、突然の出来事にも対処できる力をつけることになるのだと思うからです。ですから、出来事があった後でいいですから、樹状図にまとめていくようにしていくといいのではないでしょうか。

子どもに学ぶとは　　資料1

―教育を科学的にとらえる―

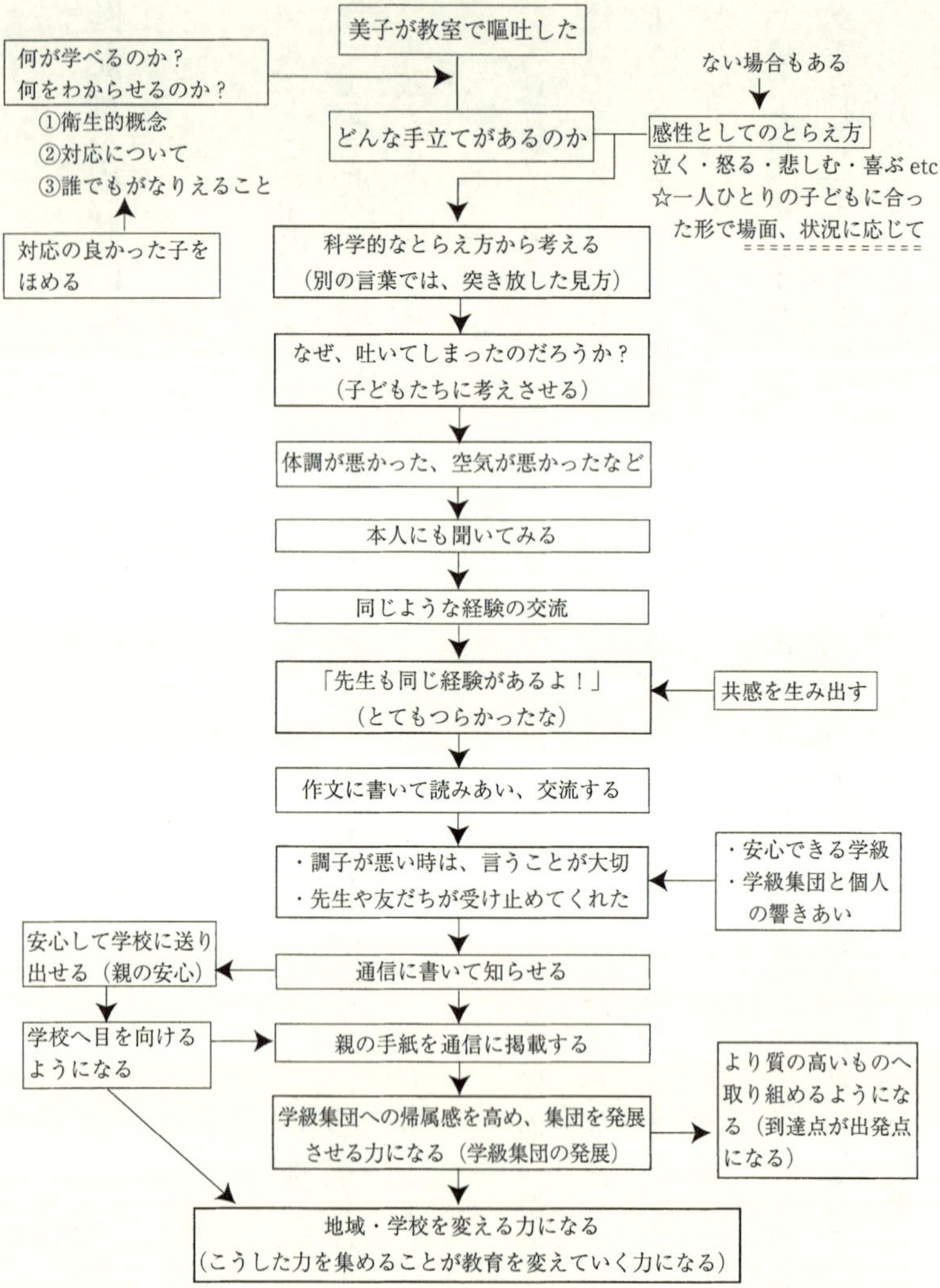
美子が教室で嘔吐した
何が学べるのか？
何をわからせるのか？
①衛生的概念
②対応について
③誰でもがなりえること
対応の良かった子を
ほめる
どんな手立てがあるのか
ない場合もある
感性としてのとらえ方
泣く・怒る・悲しむ・喜ぶ etc
☆一人ひとりの子どもに合った形で場面、状況に応じて
科学的なとらえ方から考える
（別の言葉では、突き放した見方）
なぜ、吐いてしまったのだろうか？
（子どもたちに考えさせる）
体調が悪かった、空気が悪かったなど
本人にも聞いてみる
同じような経験の交流
「先生も同じ経験があるよ！」
（とてもつらかったな）
共感を生み出す
作文に書いて読みあい、交流する
・調子が悪い時は、言うことが大切
・先生や友だちが受け止めてくれた
・安心できる学級
・学級集団と個人の響きあい
通信に書いて知らせる
安心して学校に送り出せる（親の安心）
学校へ目を向けるようになる
親の手紙を通信に掲載する
学級集団への帰属感を高め、集団を発展させる力になる（学級集団の発展）
より質の高いものへ取り組めるようになる（到達点が出発点になる）
地域・学校を変える力になる
（こうした力を集めることが教育を変えていく力になる）

(1) 子どもの〝嘔吐事件〟を樹状図にする

子どもたちは、保育園や幼稚園・小学校などで、吐き気をもよおして嘔吐してしまうということは、よくあることです。それが、私が担任していた三年生の教室で起きたことがありました。そのことを題材にして、私は講師をしている埼玉大学の「人権と教育」の講座の授業を実施しました。そのときに使用した二枚のプリントをもとに、教育実践の在り方を考えてみることにしました。まずは、一枚目のプリントの紹介をしたいと思います。

〈埼玉大学講義資料〉

子どもが教室で嘔吐した

二〇〇六年一〇月二六日（木）

子どもが教室で嘔吐したときに、その処理を誤るといじめになることがあります。とくに女の子の場合は、とても重要です。三年生の一月に、ある女の子が教室で嘔吐し、嘔吐物が他の子にひっかかるという事件が起きました。その対応をきちんとしたところ、次のようなお手紙をいただきました。こうした身近な事件も、きちんと対応することが大切です。

「安心して教室に送り出せます」

千葉　恵子（仮名）

金曜日の日、美子（仮名）が教室で嘔吐してしまったとのことで、ご迷惑をお掛けしました。その後、増田先生が子供たちにして下さった話、ご自分の体験等、美子から聞き、「さすが、増田先生……」と唸ってしまいました。

ほんとうに深い思いやりと細かい配慮で子供たちに接して下さっていることに、改めて感じ入りました。

安心して教室に送り出せます。ありがとうございました。

この手紙について考えてみたいことは、次の四点です。

【考えたいこと】

①子どもが教室で嘔吐してしまいました。僕は、どのような手立てをとったでしょうか？

②どのような話をしたのでしょうか？

③「細かい配慮だ」と親が感じたのは、どのような部分だと思いますか？

④なぜ、親はこのような手紙を書いてくれたのでしょうか？

【グループ作業】

私は、この嘔吐事件について、すぐさま対応すると同時に、樹状図を書いてきちんと対処したのです。こうした身近な事件であっても、樹状図を使えるのです。

二〇〇五年度前期の総合学習研究グループが考えた樹状図（省略）を参考に、嘔吐事件をどのように樹状図にしていくかを、グループで考えてみてください。


授業では、この一枚目のプリント配布の前に、

「子どもが教室で嘔吐したとき、どうしますか？」

と、学生に問いかけました。

それに対して、みんなでワイワイと話し合いました。

「すぐに片付けるようにすると思います」

「まずは、みんなを静かにさせて、他の先生を呼んで片付けます」

「大丈夫だよ。よくあることだからねと、安心させます」

などと、いろいろな意見が出てきました。小学校において、こうした出来事の対応を誤ると、いじめに発展していくことがけっこうあります。それは保育園の年長さんくらいでも十分ありうることだと思うのです。私は、こうした意見を聞きながら、二枚目のプリントとして、前掲の樹状図（資料1）を提示し、説明をしたのです。

「今答えてもらいましたが、どれも大事な視点だと思います。でも、クラスを創っていくためには、もっと能動的なアプローチが必要だと思うのです。つまり、担任としてこの出来事を学級全体で考えたり、みんなの問題として考えたりすることがときには必要なのではないでしょうか。もちろん、このままそっとしておくという手もあるとは思います。しかし、子どもが嘔吐するというのは、普通にあることだと思うのです。保育園なら、日常茶飯事なはずです。だからこそ、出来事をみんなに返して、みんなで考え合い、学級をステップアップするための指導のチャンスと考えることが大切なのです。資料1に見られるように、『吐いてしまうには理由があること』『同じような経験を交流してみること』『教師の小さいときの経験を話すこと』などが、大切です。そうした取り組みの結果が、千葉さんのお母さんの手紙につながっているのです。」

(2) 樹状図が保育の質の維持と向上につながる

保育実践を記録に残すことについて、私は次のように考えています。少し箇条書き的に述べたいと思います。

❶子どもと格闘した各保育士の保育実践記録をA4版一枚に樹状図としてまとめる。
❷それをファイルし、誰でもが見れるようにしておく。

❸それを見ることで、先輩保育士が、どんなアプローチをしてきたのかというプロセスを若い保育士が一目瞭然に理解することができる。
❹そうすることで、保育園のメンバーが変化したとしても、保育で大事にしたいことが連綿とつながっていくし、そのことがその保育園の特色を創り出すことにつながる。
❺それをもとに、若い保育士や他の保育士が次のステップへと進んでいくことができる。
❻そうして積み重ねていくことが、マニュアル作りではなく、創意工夫していけるファイル本となっていく。
❼ファイルされたものを見ることで、その失敗の原因・成功の要因などを知ることができるだけでなく、「自分ならこの実践のこの部分を発展させてみたい」というネタ本になる。
❽日々の保育実践を樹状図に沿ってまとめ、系統立てていくことで、保育の全体像がよく見えて来るし、日々の実践がより深くなるために、たいへん大きな意義がある。
❾「どろだんごの実践」や「食育の実践」など、活用は多肢に渡る！

私たち教師や保育士は、たえず自分たちの実践を科学化するように努力していく必要があるのではないでしょうか。ある理論があって、それに沿って実践をするというのではなく、子どもたちの現実から出てきた樹状図をもとに、創造的な実践を仕組んでいく。創造的な実践のアイデアの源は、実は目の前の子どもたちの中にあるのではないでしょうか。

3　樹状図をもとに考えた「子ども分析シート」

高杉さんは、前述した「樹状図」をもとに、「保育園や幼稚園でも、なんらかの取り組みができないだろうか？」と考えました。その結果、中央の幹に「事例（会話・姿など）」を入れ、左側に「保育士の働きかけ」、右側に「働きかけに対しての子どもの様子」を入れることにしました。そして、それを園での研修に使うことにしました。

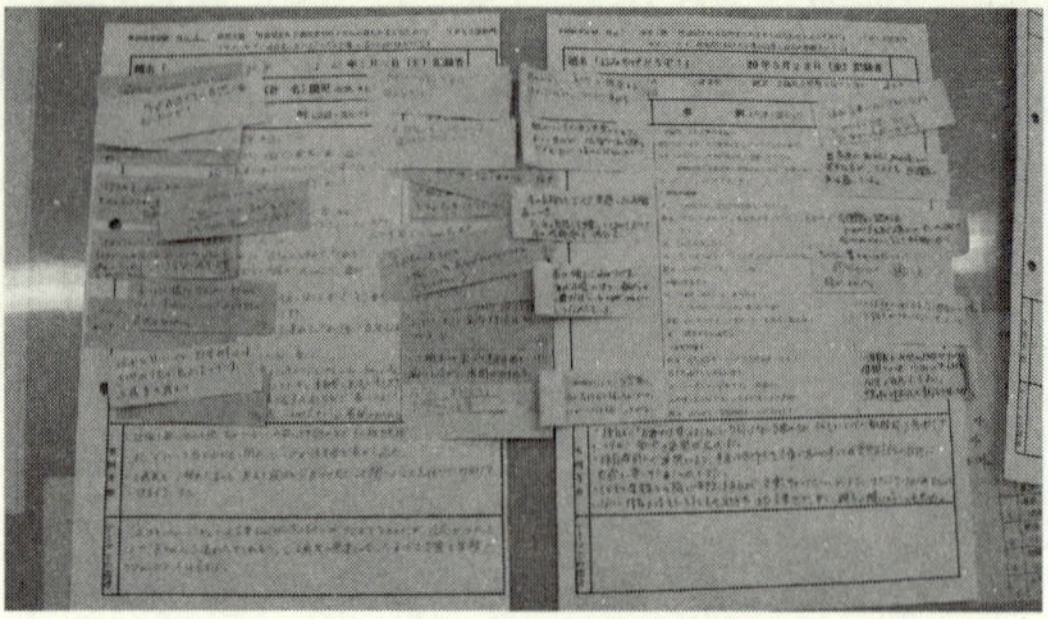

写真を見てください。

たくさんの付箋がついています。これは、年少グループの研究のあとです。こうして、たくさんの付箋をつけ、その中から「これはたしかだぞ！」というものを吹き出しにし、「事例考察」と「テーマとの関連」を考えていくのです。そうしてできあがったのが、次頁に載せた「事例研究記録」ＮＯ１、ＮＯ２です。

これをみると、かなり論議が深まると同時に、これ自体が園の保育記録となっているし、財産となっていることがわかります。

こうしたことを考えていくと、保育という仕事はとても創造的ですてきな仕事だと思うのです。日々の忙しさはもちろんあることでしょう。しかし、それに負けずに創造的な実践を展開していきましょう。すごく頑張らなくてもいいのです。はじまりは、子どものつぶやきをていねいに拾っていけばいいのですから……。「つぶやきを拾う」というそれだけのことが、保育の内容や質を大きく変化させていくのです。ぜひ、やってみてほしいと思うのです。

子どもの幸せを願うのは、教育に携わる人間なら共通に持っている思いです。そのことを大切にし、保育園全体で研修をしてみてほしいと思います。

事例研究記録　Ｎｏ１　研究主題　「0歳児から5歳児までの子どもの育ちを支えるために」　子育て支援部門
サブテーマ「一時保育における子どもの言葉と育ちの関係をさぐる」

題名「　た　ん　ぽ　ん　ぽ　ん　」　20年4月11日（金）	記録者	高杉
構成　職員　高杉、他（計2名）園児2歳男児ようへい、けいすけ、2歳女児ひなこ、1歳女児まい（計4名）		

保育士の働きかけ

花の名前を話すけいすけの気持ちを受け止めつつ、名称をさりげなく確認していった。

言葉が出ないようへいが話した「たんぽんぽん」という単語に感激し、共感していった。

おさんぽという単語に反応がなかったので、具体的に「たんぽんぽん」という言葉で再度、言葉をかけた。

けいすけの言葉や遊びは豊かで他児に良い影響がある。遊びをしながらよさを引き出していった。

事　例（会話・姿など）

～さんぽの帰り道～

石垣に複数のたんぽぽが咲いていた。はじめにけいすけが気づいて一言。

けいすけ「せんせい、たんとぽあったよ」

保育士　「本当だね。このお花なんていうの？」

けいすけ　誇らしげに「たんとぽ」

保育士　「たんとぽだね。」（隣のたんぽぽを指差して）

「こっちのお花はたんぽぽかな」

けいすけ「そう！たんぽぽ」

ようへい「たんぽんぽん」

保育士「ようへいちゃんのたんぽんぽん、かわいいねぇ。」

ようへい　にっこり笑う。

～午睡時～

眠るのがとても不安なようへい。布団の中のようへいに声をかける。

保育士　「今日のおさんぽ楽しかったね」

ようへい「・・・」

保育士　「たんぽんぽん咲いてたね。」

ようへい「たんぽんぽん」

満足そうに眠りについた。

～午後の遊び～

保育士とけいすけがおうちごっこを楽しんでいる。保育士のおうちにけいすけがつくとインターホンを押すまねをしながら「ピンポーン」や「チンポーン」と言葉の変化をわざとふざけて楽しんでいる。それを見たようへい。

ようへい「タンポンポーン！！」

一同大笑い。その後も「たんぽんぽん」と口にしていた。

働きかけに対して子どもの様子

けいすけは「たんぽぽ」を見つけたことと、保育士に言葉で伝えること両方の喜びを体現していた。

けいすけに言葉の面でとても刺激を受けているようへい。会話を聞いていて引き出された言葉。保育士の共感に満足した様子。

経験したことと「たんぽんぽん」という言葉が結びついていて、共感できたことが嬉しい様子だ。

直接、遊びに参加していなかったが、けいすけと保育者の様子をじっとみていた。午前中のやり取りとけいすけの遊びがつながり、関わることができたのでは。

事例考察

ようへいは一時保育の環境になかなか慣れずにいる。言語面ではまだまだ喃語のようで、何を言っているのか不明瞭なところがある。最近は保育士の言葉をオウム返しする場面も増えてきている。たんぽぽという花の名前をようへいが口にしたとき、そして保育士がその言葉を繰り返したとき、ようへいの中に「たんぽぽ」と言う単語とそこにあるたんぽぽの花が結びついたのではないか。また「たんぽぽ」をようへいなりに「たんぽんぽん」と言えたときの嬉しさがその日のその後の生活の中で、新たに結びついていったのではないかと考える。けいすけは近頃、語彙が増え、言葉をわざと間違えて言うことの楽しさを発見している様子だが、ようへいにとってけいすけがそばにいたのも刺激になったのではないか。ひとつの単語で他児や保育士と思いを共有できることがようへいにとって自信につながっていったと感じた。帰りに父親に伝えると早速家で母親と話題になり、それを聞いていたようへいが「たんぽんぽん」と話したと後日嬉しそうに報告があったことは家庭への保育の還元につながったと考える。

テーマについて

一時保育の中で子どもの発達を捉えることは至難の技だが、何気ない子どもの言葉の中に込められた「学び」の機会を、保育士がどう捉えて働きかけられるか工夫することで、子どもたちの「認められた」「共感できた」と言う安心感につながると感じた。1，2歳児の発達の中で、物の認識と名称がつながっていく過程に保育士が丁寧に寄り添い、つながったときの嬉しさを共感することが大切であると考える。

（子どもの名前は仮名、一部用語を原文から変更）

179　樹状図をもとに考えた「子ども分析シート」

事例研究記録　Ｎｏ２　研究主題　「０歳児から５歳児までの子どもの育ちを支えるために」　子育て支援部門
サブテーマ「一時保育における子どもの言葉と育ちの関係をさぐる」

題名「おみやげどうぞ！」　20年５月23日（金）記録者	吉田

構成	職員　保育士Ａ＝吉田　計２名　園児　２歳児女児（２歳７ヶ月）　計１名 保育士Ｂ＝田端

保育士の働きかけ	事　例（会話・姿など）	働きかけに対して子どもの様子
保育士がよく使う「お土産」は何気ない一言だが散歩の展開や散歩にある種の意味付けがされているのではないか。	～午前中、どんぐりの部屋～ 部屋で遊ぶグループと散歩に行くグループに分かれる。 保Ｂ　「のぞみちゃん、先生に何かお土産買ってきてね」 と、部屋に残る保育士Ｂが散歩に行くのぞみにお願いをする。 のぞみ「・・・。いってきま～す。」	素直に気持ちを表すことが苦手なのか。応答はない。
のぞみの気持ちを察して共感したＡ保育士の一言。又、のぞみの気持ちを代弁してあげることで、のぞみの信頼感を得ている。	～散歩の途中～ のぞみ「この花びら、先生にお土産もって行く。」 保Ａ　「すごーいのぞみちゃん、Ｂ先生が言っていたこと覚えていたんだ！」 のぞみ　うれしそうに笑う。 のぞみ「このはっぱもー！！この花びらはママとパパに。」 保Ａ　「みんなとってもよろこぶね。」	のぞみ自ら出た言葉。Ｂ保育士の声はきちんと届いていた証拠。 認められたことでお土産をあげる喜びやもらった相手の喜びがイメージとして鮮明になってきた。 たくさん葉を見つけたことで保育者だけでなく親にも渡したい気持ちに気付いた。
Ｂ保育士の明るく分かりやすい表現が朝からの会話～散歩に至るまでののぞみのうれしい気持ちにつながっている。	～帰ってきて～ のぞみ「Ｂせんせ～ハイ、おみやげ！」 つつじの花びらと大きい葉っぱを渡す。 保Ｂ「わーありがとう！きれ～い！お部屋に飾るね。」 のぞみ　満足そうに微笑む。	
のぞみの言葉の裏に隠れた気持ちを代弁することで母親にも共感することの心地よさを知ってほしいとの思いから出た言葉。	～のぞみの帰り～ 保Ａ「のぞみちゃんのママへのお土産忘れてるよ。」 慌てて花びらをのぞみに渡す。 のぞみ「ハイ！ママおみやげ」と得意げに。 のぞみの母「ありがとう」と大きい葉っぱに苦笑い。 保Ａ「のぞみちゃん一生懸命探したんだよね！！」	保育士とのぞみのようなやり取りが母親との中に少ないのではないか。 のぞみの反応も薄い。

事例考察	保育士の「お土産買ってきてね」という何気ない言葉かけが、子どもにとっての動機付けや意味づけにつながり、散歩に行こうという意欲や楽しみにつながっていると考える。探索活動にも宝物探しという目的が加えられたことで、新たな展開がひろがった。Ｂ保育士の言葉を、気に留めていたＡ保育士ののぞみに対する言葉かけが、保育士間の連携を生み、のぞみにとって心地よい空間作りにつながっていたのではないだろうか。複数の保育士が同じようにのぞみに声をかけ、大人に対して素直に気持ちを表すことが苦手なのぞみの気持ちに共感し寄り添うことができたのは、自分の気持ちを受け止めてもらう経験になりのぞみの安心感につながったと考える。普段のぞみの母親はのぞみと会話はあるもののののぞみの望むような言葉のキャッチボールができているとはいえないと感じている。保育士はのぞみの気持ちや言葉を代弁し母親とのぞみの喜びを共感できるよう積極的に関わることが必要と考える。
テーマとの関連	親子間で言葉のキャッチボールがスムーズにできるようになるにはどのような働きかけが必要か考えてみた。まずは子どもが生活のどこかに落ち着いて過ごせる環境が必要である。それには人数や年齢、個々の性格に合わせての環境設定、保育士の役割を常に考えていく。その中で子どもがどのような遊び・言葉に興味を持ち楽しんでいたかを捉え、またそれに対し保育士は何に共感したのかを保護者に伝えていく。親と子そして保育士で共通理解を深め、会話というキャッチボールをしやすくすることが、親の安心感と子どもの自信につながり、最終的には保育の「家庭への還元」につながっていくと考える。

（子どもの名前は仮名、一部用語を原文から変更）

第5章

学童期を見通して
人間としてのコアの部分を育てる

1　お父さん・お母さんの口ぐせ調査

次の資料は、私が勤務していた学校で四年生の学年全員から自由記述で書いてもらったものです。子どもたちは、ほんとうにいろいろなことを言われていることがよくわかります。

さて、自分が保育園の子どもたちにいくつぐらい言っているか、数えてみてください。また、我が子がいる方は、我が子にいくつぐらい言っているでしょうか？

《四年保護者会資料》一二九人

二〇〇四年七月八日（木）

お父さん・お母さんの口ぐせ

最後の（　）は人数

【トップ10】

1、明日の用意したの？（105）

2、早く寝なさい。(95)
3、早くしなさい。(87)
4、早くお風呂に入りなさい。(85)
5、どうして弟（妹）とケンカばかりするの？(82)
6、こんなにちらかして、かたづけなさい。(81)
7、早く終わらせなさい。(76)
8、外で遊びなさい。(76)
9、早く宿題をやりなさい。(75)
10、気をつけなさいよ。(75)

【その他抜粋】
18、勝手にしなさい！(64)
27、あばれない。(57)
28、足をもんで。(57)
29、バカじゃん！(55)
32、肩をもみなさい。(52)
34、やれば！(49)
36、足！手！(46)

61、なにものなの？（19）
65、言うことを聞かないと犬小屋に寝かすわよ。（10）

さて、いかがだったでしょうか。私のクラスでは、六五個中六二個言われている子がいました。そうすると、朝起きてから学校に行くまで、学校から帰ってきてから寝るまで、ずっと「〇〇しなさい」と言われ続けているのです。そして、その子は言うのです。

「先生、うちのお母さんはぼくにいっぱい言っているけど、最後になんて言うかわかる？　自分で考えなさいって言うんだよ！」

こんなにいろいろ言われていて、自分で考える子どもになるはずがありません。聴きとられる経験をした子が、他の人のことばを聴くようになるのです。

これは、学年の懇談会で使ったものですが、すごい盛り上がりを見せました。私たち担任は当初、「こんなにいろいろ言って悪かったわね」という形になると思っていたのです。しかし違いました。六人ほどのグループごとに分かれて話し合いを始めてもらったところ、

「だいたいね、言うことを聞かないからいけないのよ！」

から始まり、「そうよ、そうよ。」「何度言っても起きないんだから……」とことばが続いていったのです。もうバーン状態というか、燃え上がった火の粉は消せない状況になってしまいました。ふだんなら、それぞれのグループに私も入るのですが、とても入れる状況ではありませんでした。

結局、一時間ほど、私は前でポツンと椅子に座っていました。

それでも一応担任ですから、何かしらまとめをしなくてはいけないと思って、「この口癖調査から見えてくる理想の子ども像とは、次のようなものなのではないでしょうか」と言って、次のようにまとめたのです。

《お父さん・お母さんの口癖調査から見えてくる理想の子ども像とは？》

朝起こされずに自分から起き、さっさと歯を磨いて朝食をとり、学校へ元気に行って集中して勉強する。

自分がやられてイヤなことはけっしてせず、家へ帰っても弟・妹と仲良くし、けっしてケンカをせず、宿題をやったあと夕食をとり、時間割をそろえ、すばやくお風呂に入る。

「肩や腰が痛い」と父母が言えば、口答えせずに肩や腰をもむ。子どもとしての分（ぶ）をわきまえ、ゲームもやらず、テレビも見ない。

そんな人に私はなれない。


最後の部分で、お母さん方は大笑いになりました。そして、

「こんな子がいたら、気持ちが悪くて仕方がないですよね。こんなふうにできないから、子どもなんじゃないでしょうか。だって、考えてもみてください。私たち大人だって、こんな生活で

きっこありませんよね。それに、帰ってきたご主人のことを考えてみてください。ゴロゴロしながら、ナイターをみて、ビールを飲んでいるなんてことが多いのではないでしょうか。もっと、気を楽にして子育てしてもいいんじゃないでしょうか」と話をしました。

お母さん方は、急にホッとした柔らかい表情になりました。今の親たちは、「子どもをしっかり育てなくちゃ！」という思いが強いのです。そんな気持ちに風穴をあけることが大切な時代なのだと思うのです。そして、保育園・幼稚園・小学校とあがるにしたがって、「しっかりした子育てをすべきだ!!」というメッセージが強くなっていくような気がします。もっとゆったりと、子育てを楽しむというスタンスをお互いにとっていくようにするのも、保幼小の連携の視点として大事なのではないでしょうか。

2　小学校に入って「あと伸びする子」

(1) 保育園とは「情動を育てる」場

「保・幼・小の連携」が新しい指針でも強調されていますが、見ていると、幼稚園、保育園の先生と小学校の先生が、意見交流をしたり、お互いに授業や保育を参観しあうという形が多いようです。そして、どちらからというと、小学校から「○○をやってほしい」「ちゃんと座って人の話を聞けるように躾けてほしい」といった形での要求が出され、幼稚園や保育園が就学までの準備期間的な存在になっているケースが多いようです。

私は、保育園・幼稚園は情動を育てる場だと思っているのです。情動とは、意欲とは違い、もっと心の奥底から出てくる心の動きです。たとえば、「すっごくおもしろいから、この遊びを続けたい」「お友達とおしゃべりしていると、なんだか知らないけど気持ちいいし、心が温かくなる」「保育園って、なんか好き」などといった感情の動きのことです。

情動は「快情動」と「不快情動」で構成されており、食料を得るための「接近行動」は快情動、敵に対する「攻撃行動」や「回避行動」は不快情動によって引き起こされるなど、生物として生存するためにきわめて重大な役割を持っているとされています。情動と密接な関係のある脳の場所は、系統発生的に古い脳である「大脳辺縁系」と呼ばれている大脳の内側にひろがっている脳の部位です。この大脳辺縁系の中でも、扁桃体が情動の発現に重要な役割を果していることが、これまでの研究で明らかになっています。

つまり、人間の根源的な「情動」の上に感情や意欲が乗っていくということなのです。そう考えると、まずは「情動」を、とくに「快情動」を育てていくことが大切だというふうにいえると思います。

人間は、「気持ちがいいなぁ～」と思うことは、何度も繰り返します。一つの遊びに熱中しているときこそ、その情動を育てているときなのかもしれません。

またとくに保育園時代、三歳までの間に「自分の思いを伝えることは楽しい」とか「人に自分の気持ちを聞いてもらうことって気持ちがいい」という「快情動」を十分育てていくことが大切です。そのことが、実は小学校での「あと伸びする子ども」を育てることにつながるのです。小学校に入って、「話しことば」から「書きことば」にスムーズにつながる子どもというのは、小さいころから父母や保育士に十分話を聴きとられる経験をしてきた子です。人に思いを伝えるという経験そのものが「快情動」を育てます。こうしてていねいに育てられた「情動」を「意欲」へとつなげていくことが、学力を吸収する基礎を創ることにもなるのです。

(2) 生活経験を通して理科的な考え方を培う

秋になって、亀田さんが保育日誌の中から、次のような口頭詩を持ってきてくれました。

四歳児散歩の途中、落ち葉の道を歩いているとき
男児「秋の葉っぱがおおくなってきたねー」
保育士「そうね、秋から冬に変わっていくからねー」
男児「先生、この葉っぱのカサカサっていう音いいよね、すきだなー」
保育士「先生も好きだなー」
男児「オレといっしょだ！　オイ、おまえもやってみろよ！」
と手をつないでいる三歳児の子に呼びかけていた。

こんなときに、
「あれ、ここの葉っぱは別の音がするよ！」
などと、保育士が驚いた表情で言ったとしたらどうでしょうか。子どもたちは、林の中を走りまわりながら、いろいろな場所の落ち葉を踏むに違いありません。中には、

「先生、この落ち葉のところ、フカフカするよ」

と気がつく子も出てくるはずです。

そうすればしめたものです。

「どうしてフカフカしているのかな？」

「きっと根っこのところがおふとんみたいになっていて、寒さから木の根っこを守っているんだよ！」

などと言うかもしれません。また、落ち葉のたまったところに手を入れさせて、温かいことを確認させるのもいいのではないでしょうか。


こうしたことは、ささいなことのようですが、小学校に入っての理科的な考え方の基礎を培っていくのです。保幼小の連携とは、「お互いに話し合っていく」ということにとどまらず、それぞれの出来る範囲のことを考えると同時に、幼稚園や保育園は、小学校に入って「あと伸びする子」にしていくための基礎をどのように創っていくかということだし、小学校はそうやって取り組まれた子どもたちをどのように伸ばしていくかを考えていくということなのではないでしょうか。

小学校に入って、「あと伸びする子」にしていくための具体的な方法を、ここでいくつか提起したいと思います。

❶まずは、外遊びを数多くさせていくことで、自然に触れさせ、その不思議さやおもしろさを体で体験させていくこと。

❷林などに行ったときに、前項で紹介したような内容を意識して取り入れていくようにすること。

❸季節の移り変わりに敏感な子どもになるように、ことばかけを工夫すること。

❹右とか左などの位置関係が分かるようにすること。それだけに限らず、右上とか左下などの複雑な関係が分かるようにすること。たとえば、物を取ってもらうときに「あれ、取って！」などと言わずに、「あの右から二番目の棚の上から三番目にあるクレヨンを取ってくれる?」という具合に声をかける。家庭とも協力しあって、たとえば、「今日はカレーだから、食器棚の上から三段目のところにある左から四番目の広いお皿を取ってくれる?」などと、少しずつ複雑な位置関係が取れるようにすること。これが、文字をしっかり写したりするための基礎になる（文字をしっかり写せない子は、だいたい位置関係がしっかりと理解されていないことが多い）。

❺子どもの言い分を、なるべく聴いてあげるようにすること。聴き取られる経験を十分した子が人の話をしっかりと聴く子になる。

❻子どもは、悩んでいるときが一番頭を働かせているときである。たとえば、アイスクリーム

を選ぶときなど「今日はチョコ味にしようかな？　それともストロベリーがいいかな？」と自分で判断しようと頭をフル回転させているときなのである。そんなときに「これでいいでしょ！」などと、親や大人が決めてしまうと、せっかく自分で判断しようとしているチャンスをつぶすことになる。

❼物を分けるときにも、年齢があがるにつれて、自分たちで分けるようにさせていくこと。たとえば、ケーキを分けるときにも、お兄ちゃんにケーキを切らせ、弟に選ばせるという形にすることで、お兄ちゃんは、必死でケーキを等分しようとする。そうした経験をすることで、等分の概念が育っていく。

❽ジュースをつぐときなども、同じコップではなく、違うコップにするなどのこともしてみること。それを子どもに分けさせ、他の子が選ぶようにさせていく中で、違うコップに入ったジュースの量を同じにするための方法を、子どもが考えるようになっていくし、そう仕向けていくこと。

❾小学校に入って字が汚い子は、ほとんど鉛筆の持ち方をきちんと知らないか、力が入り過ぎてしまっている子である。そうしたことを防ぐためにも、手の巧緻性を高めていくことが大切である。たとえば、ジュースの紙パックにストローをさすのも自分でやらせたり、ジュースの一リットルパックの横にストローとほぼ同じぐらいの穴を開けておいて、それにみんなが順番でストローや棒などをさすような遊びを取り入れること。

❿子どもの会話をうんと豊かにし、「人と話すことが楽しい」「人とコミュニケーションをとることが楽しい」「自分を分かってもらうのは心地よい」といった感覚を育て、「友だちっていいな！」という思いをどの子にもしっかりと持たせること。また、ユーモアやファンタジーの世界を大事にし、そこで心を遊ばせる経験をさせることが、創造力の基礎になる。

他にも、まだまだありますが、保育園・幼稚園の立場から学童期への育ちを見通した実践のあり方を深めていってほしいと思います。

3　自己肯定感を育てる

(1) 自然のまま・ありのままが一番

次の詩は、私の学級で生まれた詩です。

ママの病気

弓田遼（三年）

ママが四十度の熱を出した。
ぼくはいつも以上にお世話した。
パパが電話で、
「いま、帰るよ！」
と言った。
ぼくはうれしかった。

「肩もんでー」
とか
「足ふんでー」
とかうるさいからだ。

パパが帰ってきた。
いろいろな物を買ってきてくれた。
ママは熱が出ているのにもかかわらず、
「あ！　酢イカだー」と言って
モリモリ食べていた。
ぼくとパパは、
「元気じゃん！」
とつっこんだ。
ママは笑っていた。
ぼくは心の中で
「いいかげんにして！」
と思っていた。

病気のときに甘えたいのは誰でも一緒です。甘えるのが子どもの特権だなんて、とんでもない話です。親が子どもに甘えたっていいじゃないかと思うのです。

遼くんは、母親が四十度もの熱を出したことで、ほんとうに驚いたのだと思います。「フ〜フ〜」言って、つらそうにしている母親の様子を見て、あれこれ一生懸命世話をしたのです。そう、「お父さんが帰ってくるまでは、僕の責任だ」とでもいうかのように……。

そんなプレッシャーと戦いながらだったので、父親が帰ってきたとたん、ほっとしたに違いありません。でも、ほっとしたのは、遼くんだけでなく母親も一緒だったのかもしれません。だから、酢イカをモリモリ食べ始めたのでしょう。

その様子を見て、ほっとした父親と遼くんは、「元気じゃん！」と突っ込みを入れるのです。その様子が浮かんできて、なんともほほえましくなります。

病気になったときに限らず、人なら誰でも気弱になることがあると思います。そんなとき、周りにいる人に甘えたくなるのは自然な感情だと思うのです。「大人だから子どもに頼らない」とか「私の力で子どもを幸せにする」などとあまり考えなくていいのではないでしょうか。それは結局のところ、子どもにも〝いい子〟であることを求めることにつながるのではないでしょうか。自然のまま・ありのままが一番いいのです。

(2) 人間は「自己肯定感」を求めて彷徨う存在

次の文章は、私のクラスのあるお母さんが書いてくれたものです。

「涙がとまりませんでした」

大木貴子（仮名）

『おばあちゃんの家に行くなら、持っていきなさいと』と言って先生が二冊詩集をくれた！」と俊一がよろこんで私に詩集を渡してくれました。早速実家の母に届けたところたいへん大喜びで、「夜遅くまで詩集を読んだ」と連絡がありました。母は、「皆上手だね。でもやっぱり俊一の詩が一番いいよ」と相変わらずの孫バカぶりを発揮していました。それから、「貴子も、いいお母さんになったね。詩を通して伝わってきたよ」と…。

私は三人きょうだいの末っ子で、出来のいい兄・姉に比べて甘ったれのダメ娘で、ほめられることはあまりありませんでした。そんな母から、母になった自分を認めてもらってほんとうにうれしかった。しばらく涙がとまりませんでした。自分のやってきたことは間違いではなかったのだな、と少し自信が持てました。いつも「これでいいのだろうか？」と不安だったけど、「こんな調子でいいのかな」と思えてきました。これからも子どもの成長を通して、自分自身をもっと向上させていきたいと思っています。

大木さんは、自分が親にあまり褒めてもらう経験がないまま大人になり、母親になったのです。そのため、この文章にあるように母親になった今でも自分の親からの承認を求めているのです。そして、自分なりの子育てを認めてもらったときに、初めて涙をポロポロこぼしたのです。しかし、考えてみると、私たちはだれでも、そしていつも、自己承認を求めて生きているのかもしれません。仕事をしていればしていたで、「あなたの仕事はいいね」「しっかりした仕事をしているね」との承認を求める。また、母親になればなったで今度は、「いい母親ね」「しっかりした子育てをしているわね」「おたくのお子さんは優秀ねー」という承認（評価）を求める。人間は、そうした承認欲求を求め、さすらいながら生きる存在なのかもしれません。現代の親は、その傾向がますます強くなっているのだと思えて仕方がないのです。

私たち自身も、考えてみると、「自己肯定感」を求め彷徨っている存在なのではないでしょうか。保育士も親も子どもも、みんな「『自己肯定感』を求め彷徨っている存在なのだ」ととらえ直すことで、ほんとうの意味で親・子ども・保育士がつながりあうことができるのではないでしょうか。

4　人間としてのコアの部分を育てる

(1) 他者理解が自分を変える

一番変わったこと

野木佑希（四年）

一番変わったことは、
友だちみんなに
やさしくできるようになったことです。
なぜなら
自分の思っていることが
上手に相手に伝えられるようになったし、
相手のことも少しわかってきたからです。
話したことがない人や

「やだな！」と思っている人でも、
詩に書いてあることが
おもしろかったりすると、
その人のことが好きになります。
どんな人でも
やさしい心を持っているんだと
思うようになりました。
だからぼくもみんなに
やさしくすることが
できるようになったんだと思っています。

今の子どもたちは、隣にいる友だちが、「何を考えているのか」「どんな持ち味を持っているのか」を知りません。この詩に見られるように、他者のことを知ることが人へのやさしさを作り出すのです。子どもと子どもをつなげていきながら、「人間ってすてきだな」と思えるような子どもにしていくことが、保育園・幼稚園・小学校の共通の課題なのではないでしょうか。

(2) 別れを通して「子どもからわき出てくることば」

研究会で菊地さんが

「五歳児の子どもは、〝内緒の話〟が大好きです。たとえば、ある女の子の例ですが、『お母さんに子どもができたんだよ。でも、この話は内緒だよ』と言って、私に話をしてくれました。でもよく見てみると、一人ひとりの子どもに『内緒だよ！』と言いながら、結局みんなに言ってしまっていたんですよ。」

といった話をしてくれました。その女の子は、ひびきちゃんというのですが、その子のお母さんが新しいお父さんと結婚することになったため、引っ越しをすることになってしまいました。ひびきちゃんは、ちょっとおませですが、クラスでとても存在感のある子だったようです。

菊地さんは、次のような「ひびきちゃんとのお別れ会」についての記録を持ってきてくれました。

> 友だちとの別れを通して
>
> 五月。ひびきのお別れ会を行う。グループごとにひびきが喜ぶことを考える。なぞなぞを出題するグループ、ネックレスを作るグループ、お笑いをしたいという子がいる。
>
> 当日、各グループが出し物をした後、

「ひとりずつ、ひびきちゃんと握手をして、お別れのことばを言おうね」

と私が言うと「元気でね」と言う子がほとんどだった。

　会もそろそろまとめて、終わりにしようとすると、一人の男児、拓也（六歳）の様子が……。

「拓也くん、どうしたの？」

と近づくと、泣いていた。

「そうだよ。悲しいよね」

と肩を抱き振り返ると、ひびきも泣き出した。

「いいよ。ひびきちゃん、泣きたいんだよね。泣いていいんだよ。今日は思いっきり泣こう」

と、私も涙声になり伝える。

　そのとたん、うあ〜んと、周りの子も泣き出した。男の子も泣いている。痛くてもくやしくても泣いているところを今まで一度も見せたことのないみのり（女子六歳）も、泣き顔をこちらに見せないように泣いている。〝泣き〟が止まらないので、

「みんな、ここ（胸）をなで降ろして、そろそろ涙を止めてごらん」

と言うと、

「さっき先生は、〝思いっきり泣こう〟って言った〜」

と、どこかから声がする。

　そのあと、子どもは泣きじゃくりながら

「ひびきちゃん、忘れないから」

「元気でね」

「ひびきちゃん、また会おうね」

とことばをかける。

　ひびきちゃんの腕にすがって泣いていたこうき（五歳）は、

「つらい、つらい、お別れつらい」

「ひびきちゃんの笑顔が見たい」

「大人になっても忘れないから……」

と、泣きじゃくる。りさ（五歳）・ひろみち（六歳）も、

「大人になっても忘れないよ」

と声をかけ、泣く。

　私は、儀礼的に「お別れを言おう」と言ったことが恥ずかしくなるくらい、「子どもからわき出てくることばは生きている」と感じた。切ないとか悲しいという感情を「つらい」と表現したこうきの純粋な気持ちに感動した場面だった。


　私は、この記録を読んで胸が熱くなりました。子どもは純粋だと言いますが、私たちはもう少しその純粋さの中身を考えていく必要があると思います。私たち大人だって、純粋な部分がある

と思うのです。もし子どもが純粋であるとするなら、それは自分のそのときの気持ちに正直だからだと思うのです。大人には、人へのねたみやそねみがあるから素直になれないのかもしれません。ここに出てくるこうきという男の子が、とてもすてきだし、かわいいと思うのです。「つらい、つらい、お別れつらい」ということうたのことばは、短いけれど立派な口頭詩だと思うのです。

子どもがいるから、私たちの世界は輝いて見えるのだと思うのです。そんな子どもの輝きを共有できる保育や教育の世界は、やっぱりすてきだなと思うのです。

（3）子どもの喜怒哀楽を共有・共感する

私が六年生を担任したときのことです。クラスの子どものお母さんが自殺をしてしまいました。様々な理由からノイローゼになり、死を選んだのです。玄関を入ると居間があり、そこで自殺をしていました。その第一発見者が、私のクラスの子どもでした。六年生にとってはあまりにも重すぎる事実でした。葬式のとき、私はことばをかけることができませんでした。肩をとって、一緒に泣いてやることしかできませんでした。そんななさけない自分に腹が立って仕方がありませんでした。

五年ほど前のことです。その子が中心となり、当時のクラスの仲間を二〇人近くも集めて、私を含めた同窓会を開いてくれました。その席で彼は、

「先生が一緒に泣いてくれたこと、今でも覚えているよ。あのとき、自分自身がほんとうにつらくて、僕も一緒に死んでしまおうかと思ったけど、先生が一緒に泣いてくれて、死ぬのをやめたんだ。まだもう少し生きていてもいいのかなと思えたんだよ。先生、一緒に泣いてくれてありがとう」と声をかけてくれました。

何も力になれず、ただ一緒に泣くことしかできなかったなさけない私にかけてくれた彼のことばに、私は泣けて泣けて仕方がありませんでした。でも、一緒に泣いたことで、彼の苦しみが少しでも和らいだとするなら、それはそれでよかったのかもしれません。

そんな経験があるため、「命」や「別れ」についての子どもたちの詩や実践記録は、ほんとうに私の胸をふるわせます。心を揺り動かさざるをえないのです。菊地さんは、子どもとの別れの中で一緒に泣いています。泣くことしかできない自分がいるのです。子どもが泣き、保育士が泣く。そのとき、そこに感情が共有される空間が生まれるのです。私は、それでいいのだと思うのです。一緒に泣くことで、子どもの哀しみが少しでも癒えたら、それで十分なのだと思います。そして、そうした経験が、実は人間としてのコアの部分を作っていくのではないでしょうか。

保育という仕事は、実は子どもの喜怒哀楽を共有・共感しながら人間としてのコアの部分を創っていくという、とても大切な仕事をしているのだと思うのです。保育士の皆さんに、そうした人間の一番大事な部分を創るという大事な仕事をしているという誇りをぜひとも持って仕事をしてもらいたいと思っています。

第5章における「学びのポイント10」

❶聴きとられる経験をした子が、他の人のことばを聴くようになる。

❷もっとゆったりと、子育てを楽しむというスタンスをお互いにとっていくようにするのも、保幼小の連携の視点として大事なのではないか。

❸保幼小の中でそれぞれが持ち味を発揮して「自己肯定感」をいかに高めるかを考えていくことが大切。

❹幼稚園や保育園は、小学校に入って「あと伸びする子」にしていくための基礎をどのように育てていくかということを考える必要がある。

❺保育の仕事は、子どもたちの人格形成の基礎をつくるとても大切な仕事である。

❻自然のまま・ありのままの自分が出せる保育をしていくこと。

❼他者のことを知ることが人へのやさしさを作り出すことにつながる。

❽「人間ってすてき!」という思いを持たせることが、保幼小の共通課題である。

❾「情動」を「意欲」へとつなげていくことが、学力を吸収する基礎を創る。

❿保育士も親も子どもも、みんな「『自己肯定感』を求め彷徨っている存在なのだ」ととらえ直すことが、ほんとうの意味で三者がつながりあう力になっていく。

研究会に提案してくれた、井島さんの園通信「つぶやきと会話集」は、ほんとうに見事でした。読んでいるだけで、読み手が楽しくなってくるのです。とても楽しそうに発行していることが伝わってくるのです。井島さん自身が「最近、園通信を発行するのが楽しみなんです。この通信によって、親同士、保育士同士、親と保育士がつながってきたような気がします。これが、子どものことばの持っている力なのかもしれません」と語ってくれました。実際、園通信に遊び心が見えてくるのです。たとえば、こんなのがありました。

〈のぼる先生がたいへん〉三歳児
のぼる先生と同じ名前で、歳をとった俳優さんがテレビに出ている場面を見て一言！
Yくん「ママ、たいへん。のぼる先生がおじいさんになったよ」
「　　　　　　　　　　」⇧お母さんなら、なんと答えますか？
一番おもしろく答えてくれたお母さんに、今年のユーモア賞を差し上げます。

この会話は、親からの連絡帳にあったものだそうです。それをすかさず、園通信にのせ、こうしたクイズ形式にするなんて、なかなかです。こうした工夫こそが、ほんとうにおもしろいし、親をひきつけるのだと思うのです。

そして、この「〝口頭詩と子どもの発達〟研究会」を始めてちょうど一年後の研究会の最後に、年配の亀田さんが「私、この歳になって、ほんとうに心の底から『あなた、いい実践しているね』と声をかけられるようになった」と、ぽつんと言ってくれました。心にしみわたることばでした。口頭詩を研究していく中で、子どもの声も聴こえてきたけど、仲間の保育士の声も聴こえるようになってきたのだそうです。研究会をやってきてよかったと、つくづく思わせてくれたことばでした。

また、菊地さんは、口頭詩研究会に参加しての変化を次のように書いていました。

この口頭詩の会に参加してから、子どもたちの声を聴きとろうという意識が自分の中に強くなった。また同時に、自分の声かけによって、子どもたちから湧き出ることばは変化をしていくことを感じ、記録にしてみると、「こう言えばよかった」「ここでこう言わなかったらどうなっていたか」と思い返すきっかけとなった。

増田先生と会の皆さんに記録を読んでいただき、その中の、中心ではない子の小さい一言やしぐさのひとつからも深く読みとってもらえたことは、私の子どもへの見方を根底から変えていった。私たちはどうしても問題のある子や元気な子に目が行きがちになるが、その結果、陰に隠れていた子が自分の思いを聴いてもらってないまま小学校へ上がり、自分を見てもらいたいがために荒れる、という事例を聞く。私たちはすべての子どもたちのつぶやきも大切にしていかなくてはならない。また、増田先生から自分の実践を整理して噛み砕いていただくことで、そこからひろがって見えてくるものや再確認に、「もっともっとアンテナを張りながら、柔軟な心で子どもたちの前に立たなくては」と思った。でも、やはり日々迷い、悩み、これでいいのか？　と揺れる……。先生の「揺れ動いていい！　そうして〝機微〟がわかってくる、成長させてもらえる」のことばを頼りに、〝泣いたり笑ったりを大切にする保育〟〝人ってすてきと思えるクラス作り〟を目指して行きたいと思う。

この菊地さんの文にあるように、子どもとともに、「泣き笑いできる」というところに、保育や教育の醍醐味があるのではないでしょうか。

この本は、研究会のメンバーの総力で出来上がったものだと思っています。これだけたくさんの実践記録や取り組みが集まったおかげで、こうした一冊の本に仕上げることができました。まずは、研究会のメンバーに感謝したいと思います。研究会のメンバーは大半がＮＰＯ法人東京都公立保育園研究会（公立研）の会員で構成されています。その関係から、公立研の自主研究グループとして位置づけて援助をいただき、公立研が主催する「保育研究発表会」（二〇〇七年、

第三七回）で、研究発表する機会を与えていただきました。「〃口頭詩〃を通して子どもを丸ごととらえる」と題したその発表をメンバーの総意でまとめたことも、私たちの大きな励みと成果になりました。記して感謝いたします。

また、この本が出来るまで長い間付き合って下さった、ひとなる書房の名古屋研一氏と松井玲子さん、安藝英里子さんには、ことばでは言い表せないほど感謝しています。この本が世に出ることができるのも、三人のおかげです。ほんとうにありがとうございます。

保育という仕事は、人間のコアの部分を創る、とてもとてもすてきな仕事だと思うのです。その仕事の社会的な価値をもっともっと高めたいし、認めてもらいたいと考えています。この本を出版したのも、そうした思いが根底にあるからです。

今、保育士が自信をなくしかけています。「いい保育実践をしたい」と願いながら、なかなかそれができないでいる保育士のなんと多いことでしょう。また、「いい保育とはどんなものなのか？」ということ自体に悩んでいる保育士も数多く見られます。この本は、そのことに答えるものとなっているはずだと、手前味噌ですが思っています。

この本を一度読んで終わりにするだけでなく、何度も何度も読み返してみてほしいと思います。きっとそのたびに、新しい発見があるはずです。そして、たえず新しい保育実践に取り組んでみてほしいと思うのです。

私たちは、子どもたちの成長のためならば、思想や信条を越えて手をつなぐことができるはずです。保育という仕事を愛し、子どもの存在を大切に思う人ならば、わかってくれるはずだと思うのです。私たちの仕事は、まず子どもや親を信じることから始まります。たとえ、いろいろな問題があったとしても、バカみたいに信じ続けたいと思うのです。そこから、きっと保育の未来が開けていくはずだと思うからです。

私たちは、やはり心の育ちを大切にしたいと思うのです。ハーバード大学のC・W・エリオット博士が総長を退官する際の卒業式での式辞は、次のようなものでした。

「ハーバード大学を卒業していく諸君よ。自分のことをあまり考えすぎないで、他の人についていつも配慮できることが習慣付けられた青年になり給え。このことは、あなたに報いをもたらすであろう。」(日野原重明『生きるのが楽しくなる15の習慣』講談社プラスアルファ文庫)

なんとすばらしいことばなのだろうと思います。もちろん、私自身だって、このことばのように行動できる自信などありません。でも、少しはそうなれたらいいなと思うし、そんな子どもたちを育てられたらすてきだなと思うこの頃です。

二〇〇八年一〇月一七日

少し肌寒くなった日に、自宅にて

増田修治

＊初出

・連載　口頭詩を通して子どもを丸ごととらえる①～⑪（『現代と保育』63号～73号、ひとなる書房）

①何気ない言葉がけも大切に（63号、二〇〇五年、一一月）
②子どもだって怒っているんだ！（64号、二〇〇六年、三月）
③〝子どもの発想〟を知る（65号、二〇〇六年、七月）
④子どもと一緒に泣いてしまった（66号、二〇〇六年、一一月）
⑤連絡帳をオープンにして親をつなげる（67号、二〇〇七年、三月）
⑥みんなで風を食べてみよう（68号、二〇〇七年、七月）
⑦先生、決められないなあ。（69号、二〇〇七年、一一月）
⑧保育者だって揺れ動いていい！（70号、二〇〇八年、三月）
⑨どうぞ！　めしあがれ!!（71号、二〇〇八年、七月）
⑩心揺さぶる「ごめんなさい」（72号、二〇〇八年、一一月）
⑪子どものユーモアに溶かし込まれたさみしさ（73号、二〇〇九年、三月）

・〝口頭詩〟を通して子どもを丸ごととらえる（「第37回保育研究発表会発表資料」、東京都公立保育園研究会、二〇〇七年一二月）

なお、本書執筆にあたって、右記論考を大幅に再構成し、加補筆いたしました。

「〝口頭詩と子どもの発達〟研究会」をふり返って
～子どもの会話やつぶやきは、保育の気づきをうながし、みんなの輪をひろげる～

小学校の子どもたちのユーモア詩を満載した『笑って伸ばす子どもの力』（増田修治著・主婦の友社）を読んだ私達は、そこに書かれた日々の子どもたちのことば（詩）に感銘するとともに、衝撃を受けました。このことをきっかけに「〝口頭詩と子どもの発達〟研究会」をスタートさせ、今日まで講師の増田先生の情熱に支えられ研究会を重ねてくることができました。まずそのことに対して、改めて先生に感謝を申し上げたいと思います。

この研究会を進めるにあたって、私たちは新たな気持ちで子どもたちのことばに耳を傾けることから研究を始めようと決心しました。それは、今まで私たちは保育実践を深くとらえ直すことなく、時間を積み重ねてしまったとの思いがあったからです。

私たちは、毎日の子どもたちの会話やつぶやきの記録をとり、会員は、そのことばや会話の意味をどのようにとらえたか、そのうえでどう答えたか、それに対する子どもたちの反応はどうだったかなどをたしかめるための話し合いを、何度も繰り返してきました。

実践記録（レポート）が出されるたび、「私ならその子どものつぶやきをこんなふうにとらえ、こういうように答える」というような検討を深めていきました。また、「この子どものつぶやきはなぜこんなことばなのだろうか」「グループの中でのこの子どもの役割はどうなっているのか」

「子ども同士の関係性はどうか」などを話し合っていくうちに、保育を深くとらえたいという思いがますますひろがっていきました。

過言を恐れずに言いますと、子どもたちの研ぎ澄まされた感性の中から出てくる凝縮されたつぶやきを読む中で、私たち大人が考え及ばない発想に驚かされました。また、現代の子どもたちがどう生きているのかなどと考えざるをえない、その子の生活背景から出てきた魂の叫びとも言えることばとの出会いもありました。

私たちは保育士だから、子どもの気持ちは理解しているということが思い込みであったというような反省にもつながりました。増田先生が「それぞれの考え方や意見をさらに深く探り、意味づけすることの重要性を指導してくださった」ということが、私たち一人ひとりに大きな財産を生み出してくれたように思うのです。

はじめは、「口頭詩は、子どものつぶやきを集めることにすぎない」という思いでいたのが、いつの間にか、「口頭詩を学ぶことは保育そのものを学ぶことにつながる」と定義づけることができました。そうした学習による認識の変化が、保育士が子どものことを自由に語ったり、子どもが自由に表現する開放感を保障していくことにつながっていきました。また、保育室の雰囲気に優しさが増してきたようにも感じるのです。

「自分が好き・人が好き」を感じあえる仲間づくり、ヘルプを言える子どもたち、そして保護者たち。そんな「保育や人との関係づくり」や「保育による地域づくり」へと広く輪をひろげることを目指した研究会でした。子どものつぶやきを通して、子どものことばの中に社会を感じ、新たな社会観を得たことに感謝します。

このことが本になることは、望外の幸せです。子どもたち、増田先生、会の皆様ありがとう。

相澤　千枝子（前東京都公立保育園研究会会長）

「〝口頭詩と子どもの発達〟研究会」のメンバー紹介

・相澤千枝子…研究会代表、前東京都公立保育園研究会会長、（現在）千早第一保育園園長
・亀田美奈子…研究会副代表、前豊島区立駒込第二保育園園長
・井島千恵美…研究会副代表、（現在）豊島区立目白小学校特別支援員
・菊地由紀子…研究会事務局次長、（現在）豊島区中高生センター勤務
・池田　弥生…研究会事務局次長、（現在）大田区立多摩川保育園勤務
・後藤惠理子…研究会記録係、（現在）葛飾区立堀切保育園勤務
・高杉　正……（現在）豊島区立池袋第一保育園勤務
・谷田川沙織…（現在）新宿区立四谷子ども園勤務
・若林　規美…（現在）江東区立森下保育園勤務
・庄司　優子…前練馬区立東大泉保育園園長、（現在）練馬区立大泉学園地区区民館勤務
・中村　悦子…（現在）豊島区立高南保育園勤務
・大山　早苗…（現在）豊島区立巣鴨第一保育園勤務
・鈴木　延枝…（現在）豊島区立巣鴨第一保育園勤務
・町田　静枝…（現在）練馬区立上石神井保育園勤務
・小原　真希…（現在）豊島区立駒込第二保育園勤務
・増田　修治…研究会顧問、前朝霞市立朝霞第三小学校教諭
（現在）白梅学園大学　子ども学部子ども学科　准教授

増田　修治（ますだ　しゅうじ）
1958年、埼玉県川越市生まれ。朝霞市立小学校教諭を経て、現在白梅学園大学子ども学部子ども学科准教授、および埼玉大学非常勤講師。教員志望の学生たちに、教育という仕事のおもしろさと難しさを伝えている。
小学校では「ユーモア詩」を中心に学級づくりを進め、その取り組みは朝日新聞やＮＨＫ等で紹介された。2003年にはテレビ朝日「徹子の部屋」に出演、スタジオが笑いに包まれた。また、若手教師の勉強会を毎月開催。悩みや本音を持ち寄り、お互いに育て合う場となっている。
（主な著書）
『話を聞いてよ、お父さん！　比べないでね、お母さん！』（主婦の友社）
『笑って伸ばす子どもの力』（主婦の友社）
『子供力！　詩を書くキッズ』（弓立社）
『ユーモア詩がクラスを変えた』（ルック）
『どうする？　ことばで伝え合う学級づくり』（教育開発研究所）

協　力／NPO法人東京都公立保育園研究会「口頭詩の会」

装　幀／山 田 道 弘
装　画／おのでらえいこ
写　真／川 内 松 男
章扉絵／木の花幼稚園（金沢市長町）の子どもたち

子どもが育つ言葉かけ
聴きとる・つなげる・ふくらませる　口頭詩をもとにして

2009年３月27日　初版発行

著　者　増田　修治
発行者　名 古 屋 研 一

発行所　㈱ひとなる書房
東京都文京区本郷２－17－13
電　話　03（3811）1372
ＦＡＸ　03（3811）1383
Email：hitonaru@alles.or.jp

印刷／モリモト印刷株式会社